Orbis

TONY BUZAN

NICHTS VERGESSEN!

Kopftraining für ein Supergedächtnis

Illustrationen von Mikki Rain

ORBIS VERLAG

Titel der Originalausgabe: Use Your Memory
Originalverlag: BBC Publications London
Aus dem Englischen übertragen von Martin Schulte

Die Abbildung auf S. 167 ist übernommen aus:
Tony Buzan: »Kopf-Training« (S. 116), München 1984.
(Goldmann Ratgeber 10926)

Sonderausgabe 1991 Orbis Verlag für Publizistik GmbH, München
Satz: Fotosatz-Service Weihrauch, Würzburg
Druck: Mohndruck Graphische Betriebe GmbH, Gütersloh
Printed in Germany
ISBN 3-572-06686-7

Für Zeus' und Mnemosynes
ideales Musenkind:
meiner sehr lieben Freundin,
der Künstlerin Lorraine Gill

Inhalt

Einleitung

Schon in den ersten Schuljahren hat mich, wie viele meiner Mitschüler auch, dieses seltsame, irritierende Phänomen verwirrt und beunruhigt, das man Gedächtnis nennt. In normalen, entspannten Situationen arbeitete es so reibungslos, daß es mir kaum jemals bewußt wurde; bei Prüfungen funktionierte es zu meiner Überraschung nur gelegentlich gut, viel öfter hatte ich Grund, mich über mein »schlechtes Gedächtnis«, die »schreckliche Vergeßlichkeit« zu beklagen. Da ich einen großen Teil meiner Kindheit auf dem Lande verbrachte, machte ich schon früh die Erfahrung, daß die sogenannten »stummen Kreaturen« ein hervorragendes Gedächtnis hatten, das meinem eigenen oft überlegen war. Warum nur war das menschliche Gedächtnis so offensichtlich mangelhaft?

Ich fing an, mich ernsthaft mit diesem Thema zu beschäftigen. Ich erfuhr, daß schon im frühen Altertum die Griechen spezielle Memoriersysteme für verschiedene Zwecke erfunden haben, daß die Römer später diese Techniken ausbauten, daß ihre Anwendung Menschen befähigte, ganze Bücher, zum Beispiel den Homer, auswendig zu lernen, daß vornehme Römer sich ihrer bedienten, um bei Senatsdebatten oder bei Reden vor der Volksversammlung die Zuhörer mit ihrem Wissen zu beeindrucken. Mein Interesse vertiefte sich während meiner Collegezeit, als mir allmählich bewußt wurde, daß solche Basissysteme nicht nur zum mechanischen Auswendiglernen, zum Training eines Papageiengedächtnisses taugten, sondern daß man sie auch als riesige Speichersysteme für den Geist nutzen konnte, die einen außerordentlich schnellen und rationellen Zugriff ermöglichten und damit das Erfassen des Wissensstoffes enorm erleichterten. Ich wandte diese Techniken bei Prüfungen an, erfand Phantasiespiele zum Gedächtnistraining und konnte bald einigen Freunden, die schon an ihrer Befähigung zum Studium zweifelten, helfen, erstklassige Erfolge zu erzielen.

Die Gehirnforschung, die sich im letzten Jahrzehnt explosionsartig entwickelt hat, bestätigt, was Gedächtnistheoretiker, Berufsspieler, Mnemotechniker und Zauberkünstler schon immer gewußt haben: Die Speicherkapazität unseres Gehirns und die Fähigkeit, das gespeicherte Wissen ins Gedächtnis zurückzurufen, sind weit höher, als wir im allgemeinen annehmen.

In diesem Buch werde ich eingehend erläutern, was ich bei meinen Ausführungen zum Thema Gedächtnis in *Kopf-Training* (Goldmann Taschenbuch 10926) nur kursorisch abhandeln konnte: die wunderbare Unbegrenztheit unseres Gedächtnisses und unserer Phantasie.

1

Ist unser Gedächtnis perfekt?

Unser Gedächtnis ist hervorragend. Ich treffe diese Feststellung trotz der folgenden Gegenargumente:

1. Die meisten Menschen erinnern sich nicht einmal an 10 Prozent der Namen von Menschen, die sie kennengelernt haben.
2. Die meisten Menschen vergessen mehr als 99 Prozent der Telefonnummern, die man ihnen gegeben hat.
3. Das Gedächtnis läßt mit zunehmendem Alter immer schneller nach.
4. Viele Menschen trinken, und der Alkohol zerstört bei jedem Drink 1000 Gehirnzellen.
5. Überall auf der Welt, bei allen Rassen und Kulturen, in allen Altersklassen und auf allen Bildungsstufen, machen die Menschen die Erfahrung, daß ihr Gedächtnis schlecht oder mangelhaft ist.
6. Wir schreiben die Schwäche unseres Gedächtnisses wie alle unsere Schwächen der Tatsache zu, daß wir »nur Menschen« sind; diese Feststellung suggeriert, daß unsere Fähigkeiten von Natur aus unzulänglich sind.
7. Sie werden wahrscheinlich bei den meisten Gedächtnistests des folgenden Kapitels scheitern.

Mit den Punkten 1, 2 und 7 werden wir uns noch eingehend befassen. Sie werden sehen, daß es Ihnen möglich ist, alle diese Tests zu bestehen und sich die Namen und Telefonnummern mühelos zu merken – wenn Sie »wissen wie«.

Unser Gedächtnis läßt mit fortschreitendem Alter nach, aber nur, wenn es nicht beansprucht wird. Wenn wir hingegen unser Erinnerungsvermögen ständig trainieren, wird es sich auch im Alter weiter verbessern.

Es gibt keinen Beweis dafür, daß mäßiges Trinken Gehirnzellen zerstört. Dieses Mißverständnis kam auf, weil die Wissenschaft festgestellt hat, daß exzessives Trinken - aber nur exzessives Trinken - in der Tat das Gehirn schädigt.

Die »negative Erfahrung« mit dem Gedächtnis, über die Menschen aus allen Völkern und Kulturkreisen klagen, hat nichts mit einer angeborenen Unzulänglichkeit zu tun, sondern ist auf zwei leicht zu ändernde Faktoren zurückzuführen: eine negative geistige Einstellung und einen Mangel an Wissen.

Negative Einstellung

Man könnte geradezu von einem internationalen »Klub der Gedächtnisgeschädigten« sprechen. Wie oft hört man Menschen in einer lebhaften und engagierten Diskussion plötzlich sagen: »Leider ist mein Gedächtnis nicht mehr annähernd so gut, wie es früher war. Ich vergesse so viele Dinge.« Worauf unweigerlich die Antwort kommt: »Ja, ich kenne das, mir geht es genauso.« Und solche Äußerungen hört man nicht etwa nur von alten Menschen, sondern oft schon von Dreißigjährigen!

Diese negative, gefährliche und falsche Einstellung hat ihren Ursprung im fehlenden oder falschen Training. Diesem Mangel soll mein Buch durch sachgerechte Anregungen abhelfen.

Sehen Sie sich doch einmal unsere jungen Gedächtnishelden an, auf die sich die meisten Leute in romantischer Verklärung berufen. Kontrollieren Sie einmal selbst, gehen Sie am Ende eines Schultages in das Klassenzimmer sechs- oder siebenjähriger Kinder, wenn diese heimgegangen sind, und lassen Sie sich von ihrem Lehrer zeigen, was alles in dem Zimmer zurückgeblieben, sprich vergessen worden ist. Sie werden die folgenden Gegenstände finden: Uhren, Federhalter, Bleistifte, Süßigkeiten, Geld, Jacken, Sportgeräte, Bücher, Mäntel, Brillen, Radiergummis, Spielsachen und vieles mehr.

Der einzige wirkliche Unterschied zwischen dem leitenden Angestellten mittleren Alters, der vergessen hat, ein wichtiges Telefongespräch zu erledigen, oder der seine Aktentasche im Büro hat liegenlassen, und dem siebenjährigen Schulkind, das auf dem Heimweg merkt, daß es in der Schule seine Uhr, sein Taschengeld und seine Sportschuhe vergessen hat, ist dieser: Das siebenjährige Kind verfällt nicht in Depressionen, es schlägt sich nicht vor den Kopf, es jammert nicht: »O Gott, ich bin erst sieben Jahre alt, und mein Gedächtnis läßt schon nach!«

Fragen Sie sich einmal, an wie viele Dinge Sie sich jeden Tag tatsächlich erinnern. Die meisten Menschen schätzen eine Zahl irgendwo zwischen 100 und 10 000. Die richtige Antwort ist: mehrere Milliarden. Das menschliche Gedächtnis arbeitet so ruhig und reibungslos, daß den meisten Menschen nicht einmal bewußt wird, daß jedes Wort, das sie sprechen, und jedes Wort, das sie hören, unmittelbar einer Prüfung unterzogen, im Gedächtnis gesucht, präzise erkannt und in den richtigen Kontext eingeordnet wird. Sie begreifen auch nicht, daß jeder Augenblick, jede Wahrnehmung, jeder Gedanke, alles, was sie den ganzen Tag, das ganze Leben hindurch tun, eine Funktion ihres Gedächtnisses ist. In der Tat ist dessen Präzision fast perfekt. Die wenigen Dinge, die wir gelegentlich vergessen, sind wie einzelne Tropfen im Meer. Der Grund, weshalb wir uns die Irrtümer, die wir begehen, so sehr zu Herzen nehmen, ist ironischerweise der, daß sie so selten sind.

Es gibt viele Hinweise darauf, daß unser Erinnerungsvermögen nicht nur weit besser ist, als wir je vermutet haben, sondern daß es tatsächlich perfekt sein könnte. Führen Sie sich die folgenden Argumente für diese Behauptung vor Augen:

1. *Träume*

Viele Menschen träumen lebhaft von Bekannten, Freunden, Familienangehörigen und Liebschaften, an die sie zwanzig oder sogar vierzig Jahre lang nicht gedacht haben. Im Traum jedoch ist ihr Bild vollkommen klar, alle Farben, alle Details sind exakt so, wie sie im wirklichen Leben waren. Hier haben wir den Beweis, daß irgendwo im Gehirn ein riesiger Speicher perfekter Bilder und Assoziationen existieren muß, die sich nicht im Laufe der Zeit verändern und die mit dem richtigen Auslöser ins Gedächtnis zurückgeholt werden können. Im Kapitel 26 werden Sie erfahren, wie man sich an Träume erinnert.

2. *Überraschende Zufallserinnerung*

Jeder von uns hat wohl die Erfahrung gemacht, daß er sich plötzlich, beim Einbiegen in eine Straße zum Beispiel, an Menschen oder Ereignisse aus einem früheren Lebensabschnitt erinnert. Besonders häufig geschieht das, wenn jemand seine erste Schule wieder besucht. Irgendein Geruch, eine Berührung, ein visueller oder akustischer Eindruck kann eine Flut von Erinnerungen wecken, die man vergessen geglaubt hatte. Diese Fähigkeit jedes einzelnen Sinnes, perfekte Erinnerungsbilder zu reproduzieren, läßt vermuten, daß wir uns viel mehr Dinge vergegenwärtigen könnten, wenn es mehr exakte »Auslöse-Situationen« gäbe. Durch solche Erlebnisse wird uns bewußt, wie viele Informationen unser Gedächtnis gespeichert hat.

3. *Der Russe »S«*

Zu Beginn dieses Jahrhunderts nahm eines Tages ein junger russischer Journalist (A.R. Luria nennt ihn in seinen Aufzeichnungen »S«), an einer Redaktionskonferenz teil, bei der er sich, wie einige seiner Kollegen erstaunt beobachteten, keinerlei Notizen machte. Daß man ihn um eine Erklärung ersuchte, schien ihn zu verwirren; zur allgemeinen Verwunderung stellte sich heraus, daß er wirklich nicht verstand, warum sich jemand Notizen machen sollte. Er erklärte, er könne sich genau erinnern, was der Chefredakteur gesagt habe, warum solle er sich also Aufzeichnungen machen? Als man das bezweifelte, wiederholte »S« den ganzen Vortrag, Wort für Wort, Satz für Satz, mit allen Nuancen.

In den folgenden dreißig Jahren wurde er von Alexander R. Luria, dem führenden russischen Psychologen und Gedächtnisexperten, regelmäßig getestet und untersucht. Luria bestätigte, daß »S« in keiner Weise anormal war und daß er tatsächlich ein perfektes Gedächtnis besaß. Luria stellte auch fest, daß »S« in sehr frühen Jahren zufällig die elementaren Prinzipien der Mnemonik kennengelernt hatte und daß sie Teil seiner natürlichen Gedächtnisfunktion geworden waren.

»S« war kein Einzelfall. Die Geschichte der Erziehung, der Medizin und der Psychologie kennt sehr viele ähnliche Fälle eines perfekten Gedächtnisses. Die Gehirnfunktion wurde bei allen für normal befunden, und alle hatten in früher Kindheit die elementaren Grundlagen ihrer Gedächtnisfunktion »entdeckt«.

4. *Professor Rosenzweigs Experimente*

Professor Mark Rosenzweig, ein kalifornischer Psychologe und Neurophysiologe, befaßte sich viele Jahre mit der Erforschung der Gehirnzelle und ihrer Speicherkapazität. Schon 1974 stellte er fest, daß, wenn man einem normalen menschlichen Gehirn ein ganzes Leben lang jede Sekunde zehn neue Informationen zuführte, die Kapazität dieses Gehirns erheblich weniger als zur Hälfte ausgeschöpft wäre. Er folgerte daraus, daß Gedächtnisprobleme nichts mit der Gehirnkapazität zu tun haben, sondern allein damit, wie der Mensch diese praktisch unbegrenzte Kapazität nutzt.

5. *Professor Penfields Experimente*

Der kanadische Professor Wilder Penfield kam zu seiner Entdeckung der Kapazität des menschlichen Gedächtnisses durch einen Zufall. Er stimulierte einzelne Gehirnzellen mit winzigen Elektroden, um Bereiche des Gehirns zu lokalisieren, die Epilepsie auslösten.

Zu seinem Erstaunen fand er, daß Patienten sich plötzlich an Erlebnisse aus ihrer Vergangenheit erinnerten, wenn er bestimmte Gehirnzellen reizte. Die Patienten beschrieben, daß es sich nicht um eine einfache Erinnerung handelte, sondern daß sie tatsächlich das ganze Ereignis wieder durchlebten, einschließlich Gerüchen, Geräuschen, Farben, Bewegung, Geschmacksempfindungen. Diese Erlebnisse lagen teils nur wenige Stunden, teils aber bis zu vierzig Jahre zurück.

Penfield schloß daraus, daß in jeder Gehirnzelle oder jeder Gruppe von Gehirnzellen ein vollständiger Speicher aller Erfahrungen unseres Lebens verborgen ist und daß wir den ganzen Film abspielen könnten, wenn wir den richtigen Auslöser zu finden wüßten.

6. *Die Strukturbildungsfähigkeit unseres Gehirns*

Professor Pyotr Anokhin, der exzellente Schüler des berühmten Iwan Pawlow, hat in den letzten Jahren die potentiellen Strukturbildungsfähigkeiten des menschlichen Gehirns untersucht. Seine Feststellungen waren für die Gedächtnisforschung von großer Bedeutung. Nach Anokhins Erkenntnissen werden die Erinnerungen in separaten kleinen Strukturen oder elektromagnetischen Kreisen gespeichert, die durch die Wechselverbindungen der Gehirnzellen gebildet werden.

Anokhin wußte bereits, daß das Gehirn über eine Billion (eine Million Millionen = 1 000 000 000 000) Gehirnzellen enthält, daß aber auch diese riesige Zahl klein ist im Vergleich zu der Zahl der Strukturen, die diese Gehirnzellen untereinander bilden können. Mit Hilfe moderner Elektronenmikroskope und Computer errechnete er eine schwindelerregende Zahl. Anokhin drückte das Ergebnis so aus: Die Zahl der Strukturbildungsmöglichkeiten oder »Freiheitsgrade« im Gehirn ist so groß, »daß man für das Niederschreiben in normalen Manuskriptziffern eine Linie von mehr als 10,5 Millionen Kilometern Länge benötigen würde. Mit einer solchen Zahl von Möglichkeiten ist das Gehirn eine Klaviatur, auf der Hunderte von Millionen verschiedener Melodien gespielt werden können.«

Alle Melodien, die auf dieser Klaviatur gespielt werden, speichert unser Gedächtnis.

7. *Erfahrung der Todesnähe*

Viele Menschen haben nach hartem Kampf ums Überleben den Tod durch Ertrinken als unentrinnbares Schicksal unmittelbar vor Augen gehabt. Andere haben in unhaltbarem Sturz von einer Bergspitze den Tod vor sich gesehen. Wieder andere erlebten seine Unentrinnbarkeit, als ein Zehntonner mit 100 km/h auf sie zuraste. Von *einer* Erfahrung berichten alle Überlebenden solcher seelischen Schocks übereinstimmend: In diesen Augenblicken der »Todesanschauung« verlangsamt das Gehirn die Bewegung aller Dinge zum Stillstand, weitet den Bruchteil einer Sekunde zur Lebenszeit aus und läßt die Gesamtheit aller Erlebnisse vor dem geistigen Auge des Menschen ablaufen.

Man hat immer wieder versucht, diese Menschen zu dem Eingeständnis zu bewegen, daß das, was sie wirklich erlebt hatten, nur ein paar Schlaglichter gewesen seien. Aber sie alle insistierten, daß sie ihr ganzes Leben vor Augen gehabt hätten, einschließlich aller Dinge, die sie bis zu diesem Zeitpunkt vollständig vergessen hatten. »Mein ganzes Leben blitzte vor mir auf« ist fast zum Klischee der Todesnähe-Erfahrung geworden. Eine so allgemein bezeugte Erfahrung spricht ebenfalls für eine Speicherkapazität des Gehirns, die wir noch kaum zu begreifen beginnen.

8. *Photographisches Gedächtnis*

Photographisches oder eidetisches Gedächtnis ist ein spezifisches Phänomen, bei dem Menschen, gewöhnlich für einen sehr kurzen Zeitraum, sich vollständig und detailliert an alles erinnern können, was sie gesehen haben. Diese Erinnerung verblaßt normalerweise und löst sich auf, aber sie kann so exakt sein, daß sie jemanden befähigt, ein Bild aus 1000 zufällig verstreuten Punkten auf einer weißen Leinwand, das er nur einmal gesehen hat, perfekt zu reproduzieren. Das läßt vermuten, daß wir zusätzlich zur dauerhaften Langzeit-Speicherkapazität auch ein kurzfristigeres, unmittelbares photographisches Gedächtnis besitzen. Es wird behauptet, daß Kinder oft diese Fähigkeit haben, daß sie ein natürlicher Bestandteil ihres geistigen Instrumentariums ist und daß wir sie zerstören, indem wir die Kinder zwingen, sich zuviel auf Logik und Sprache und zuwenig auf ihre Phantasie und ihre anderen geistigen Fähigkeiten zu konzentrieren.

9. *Die tausend Photos*

Bei neueren Experimenten zeigte man Testpersonen tausend Photos, eines nach dem anderen, etwa ein Photo pro Sekunde. Die Psychologen mischten dann hundert andere Photos unter die ursprünglichen tausend. Den Testpersonen wurde die Aufgabe gestellt, diejenigen Photos auszusortieren, die sie beim ersten Durchgang nicht gesehen hatten. Ungeachtet der Differenziertheit ihres normalen Erinnerungsverhaltens waren alle in der Lage, fast 100 Prozent der Photos zu identifizieren, die man ihnen beim erstenmal gezeigt hatte. Die meisten waren nicht fähig, die Reihenfolge zu nennen, in der die Photos präsentiert worden waren, aber sie konnten sich präzise an jedes Bild erinnern. Unser Beispiel bestätigt die allgemeinmenschliche Erfahrung, daß man sich besser an ein Gesicht erinnert als an den zugehörigen Namen. Dieses spezielle Problem läßt sich durch Anwendung der Memoriertechniken leicht lösen.

10. *Die Memoriertechniken*

Die Memoriertechniken, auch Mnemoniks genannt, sind ein System von »Gedächtniscodes«, das Menschen befähigt, sich an alles vollständig zu erinnern, was sie in Erinnerung behalten wollen. Experimente haben gezeigt, daß jemand, der durch Anwendung einer solchen Technik 9 von 10 Punkten schafft, auch 900 von 1000, 9000 von 10 000, 900 000 von 100 000 usw. schafft. Und wenn jemand alle 10 Punkte trifft, wird er auch alle 1 000 000 Punkte vollständig treffen. Diese Techniken helfen uns, aus unserem phänomenalen Speicherarsenal alles das herauszuholen, was wir gerade benötigen. Die elementaren Memorierprinzipien werde ich in Kapitel 4 erläutern; der größte Teil dieses Buches ist der Beschreibung und Erklärung der wichtigsten und nützlichsten dieser Systeme gewidmet. Ich werde Ihnen zeigen, wie leicht sie erlernbar sind und wie man sie im privaten und öffentlichen, im Familien- und im Geschäftsleben anwenden kann.

In diesem frühen Stadium jedoch dürfte es hilfreich für Sie sein, Ihr Gedächtnis in seinem jetzigen Zustand zu testen. Das folgende Kapitel bringt eine Reihe von Gedächtnistests, die Ihnen die Basis geben sollen, von der aus Sie Ihre Fortschritte kontrollieren können. Wenn Sie daran interessiert sind, Ihren jetzigen Leistungsstand exakt mit dem zu vergleichen, den Sie nach dem Durcharbeiten dieses Buches haben werden, dann sollten Sie die Tests gewissenhaft durchführen. Die meisten Menschen verzeichnen in den Anfangstests ziemlich dürftige Ergebnisse, können aber beim Schlußtest fast perfekte Leistungen vorweisen.

2

Testen Sie, wie leistungsfähig Ihr Gedächtnis ist

Nur wenige Menschen haben ihr Gedächtnis jemals einem direkten Test unterzogen, und die meisten sind sich deshalb der künstlichen Schranken ihrer geistigen Leistungsfähigkeit, ihrer falschen Denkgewohnheiten und des vollen Potentials ihres Gedächtnisses nicht bewußt. Aufgrund des falschen - oder fehlenden - geistigen Trainings in der Schule wird sich die Lösung der einfachen Aufgaben, die wir Ihnen hier stellen, in manchen Fällen als sehr schwierig und in anderen als fast unmöglich erweisen. Und doch überfordern diese Aufgaben keineswegs die Leistungsfähigkeit des durchschnittlichen menschlichen Gehirns. Machen Sie sich jedoch keine Sorgen wegen eines schlechten Resultats, denn es ist ja das Ziel dieses Buches, das Memorieren, wie es in den folgenden Tests gefordert wird, zu einer leichten und vergnüglichen Übung zu machen.

Verknüpf-Test

Lesen Sie die folgende Liste von zwanzig Gegenständen nur *einmal*, und versuchen Sie dabei, sich sowohl die Gegenstände wie die Reihenfolge ihrer Listung einzuprägen. Dann blättern Sie weiter zu Seite 26, um sich selbst zu testen und Ihre Punktzahl zu bewerten.

Tapete	Elefant
Gebirge	Gefängnis
Rock	Spiegel
Schnur	Koffer
Eiscreme	Pflanze
Schere	Energie
Nagel	Safe
Uhr	Melone
Amme	Bastard
Parfüm	Gravur

Anhänge-Test

Sie haben sechzig Sekunden Zeit, um sich diese zweite Liste von zwanzig Gegenständen zu merken. Mit diesem Test soll Ihre Fähigkeit geprüft werden, sich an die Gegenstände in willkürlicher Reihenfolge zu erinnern, indem Sie diese an die zugehörige Zahl anhängen. Wenn die Zeit von einer Minute abgelaufen ist, schlagen Sie Seite 27 auf, und tragen Sie die Antworten ein.

1 Atom	11 Glitzern
2 Baum	12 Heizgerät
3 Stethoskop	13 Eisenbahn
4 Sofa	14 Feuerzeug
5 Allee	15 Warze
6 Ziegel	16 Stern
7 Windschutzscheibe	17 Frieden
8 Honig	18 Knopf
9 Bürste	19 Kinderwagen
10 Zahnpasta	20 Pumpe

Zahlen-Test

Sehen Sie sich die vier folgenden fünfzehnstelligen Zahlen an. Sie dürfen sich für jede von ihnen höchstens eine halbe Minute Zeit nehmen. Nach dem Ende jedes halbminütigen Zeitabschnitts schlagen Sie die Seite 28 auf und schreiben die jeweilige Zahl, die Sie sich eingeprägt haben, nieder.

1	798465328185423	3	784319884385628
2	493875941254945	4	825496581198762

Telefonnummern-Test

Es folgt eine Liste von zehn Telefonnummern und ihren Inhabern. Studieren Sie die Liste nicht länger als zwei Minuten, und versuchen Sie, sich alle Telefonnummern zu merken. Dann blättern Sie um zu Seite 29 und beantworten die dort gestellten Fragen.

Ihr Reformhaus	787-5953
Ihr Tennispartner	640-7336
Ihr örtlicher Wetterdienst	691-0262
Ihr Zeitungshändler	242-9111
Ihr Blumenhändler	725-8397
Ihre Autowerkstatt	781-3702
Ihr Abonnement-Theater	869-9521
Ihre Lieblingsdiskothek	644-1616
Ihre Volkshochschule	457-8910
Ihr Lieblingsrestaurant	354-6350

Gesichter-Test

Sehen Sie sich die zehn Gesichter und die zugehörigen Namen auf diesen beiden Seiten nicht länger als zwei Minuten an, dann schlagen

1 **Frau Weishaupt**

2 **Herr Habicht**

3 **Herr Fischer**

4 **Herr Ramm**

5 **Frau Hammer**

Sie die Seiten 30 und 31 auf, wo dieselben Gesichter ohne Namensnennung abgebildet sind. Versuchen Sie, jedem Gesicht den richtigen Namen zuzuordnen. Die Bewertungsanleitungen finden Sie auf Seite 31.

6 Frau Breuer

7 Herr Kesten

8 Herr Meister

9 Frau Svensen

10 Fräulein Tempel

Spielkarten-Test

Dieser Test soll Ihre Fähigkeit prüfen, sich an Spielkarten in einer bestimmten Folge zu erinnern. Unsere Liste enthält alle zweiundfünfzig regulären Karten, gemischt, in numerierter Folge. Ihre Aufgabe ist es, sich die Liste, die Sie höchstens drei Minuten anschauen dürfen, in umgekehrter Folge zu merken. Dann schlagen Sie Seite 32 auf und tragen Ihre Antworten ein.

1 Karo Zehn
2 Pik As
3 Herz Drei
4 Treff Bube
5 Treff Fünf
6 Herz Fünf
7 Herz Sechs
8 Treff Acht
9 Treff As
10 Treff Dame
11 Pik König
12 Herz Zehn
13 Treff Sechs
14 Karo Drei
15 Pik Vier
16 Treff Vier
17 Herz Dame
18 Pik Fünf
19 Karo Bube
20 Herz Sieben
21 Treff Neun
22 Karo König
23 Treff Sieben
24 Pik Zwei
25 Herz Bube
26 Treff König
27 Herz Vier
28 Karo Zwei
29 Pik Bube
30 Pik Sechs
31 Herz Zwei
32 Karo Vier
33 Pik Drei
34 Karo Acht
35 Herz As
36 Pik Dame
37 Karo Dame
38 Karo Sechs
39 Pik Neun
40 Treff Zehn
41 Herz König
42 Herz Neun
43 Pik Acht
44 Pik Sieben
45 Treff Drei
46 Karo As
47 Pik Zehn
48 Herz Acht
49 Karo Sieben
50 Karo Neun
51 Treff Zwei
52 Karo Fünf

Daten-Test

Dies ist Ihr letzter Test. Nachfolgend sind zehn wichtige historische Daten aufgeführt. Sie haben zwei Minuten Zeit, sie sich einzuprägen. Dann schlagen Sie Seite 33 auf und tragen die jeweiligen Jahreszahlen in der geänderten Folge ein.

1	1666	Große Londoner Feuersbrunst
2	1770	Beethovens Geburtsjahr
3	1215	Unterzeichnung der Magna Charta
4	1917	Russische Revolution
5	1454	Erste Druckerpresse
6	1815	Schlacht bei Waterloo
7	1608	Erfindung des Fernrohrs
8	1905	Einsteins Relativitätstheorie
9	1789	Französische Revolution
10	1776	Amerikanische Unabhängigkeitserklärung

Verknüpf-Test-Antwort

Notieren Sie hier alle Gegenstände, an die Sie sich erinnern können, in der richtigen Reihenfolge.

Tapete

Gebirge

Rock

Schmutz

Eis

Bewerten Sie Ihr Ergebnis selbst: Tragen Sie oben die Gesamtzahl aller Gegenstände ein, an die Sie sich erinnert haben. Darunter notieren Sie die Zahl der Gegenstände, die Sie in der richtigen Folge vermerkt haben. Sie erhalten einen Punkt für jeden richtigen Gegenstand; für jede richtige Plazierung gibt es ebenfalls einen Punkt (höchstmögliche Punktzahl: 40).

Zahl der erinnerten Gegenstände: 5
Zahl der Gegenstände in richtiger Folge: 5

Anhänge-Test-Antwort

Schreiben Sie die Gegenstände in der angegebenen Folge neben die zugehörige Zahl.

20		1	atom
18		3	
16		5	
14		7	
12		9	
10		11	
8		13	
6		15	
4		17	
2	Baum	19	

Richtig eingetragen: 2

Zahlen-Test-Antwort

Tragen Sie anschließend jede der vier fünfzehnstelligen Zahlen ein.

1 ______________________________

2 ______________________________

3 ______________________________

4 ______________________________

Es gibt einen Punkt für jede Ziffer, die Sie sich in der richtigen Folge gemerkt haben.

Gesamtpunktzahl: $\frac{\quad}{60}$

Telefonnummern-Test-Antwort

Schreiben Sie neben den jeweiligen Telefoninhaber die ihm gehörende Nummer.

Name	**Nummer**
1 Ihr Reformhaus	______________
2 Ihr Tennispartner	______________
3 Ihr örtlicher Wetterdienst	______________
4 Ihr Zeitungshändler	______________
5 Ihr Blumenhändler	______________
6 Ihre Autowerkstatt	______________
7 Ihr Abonnement-Theater	______________
8 Ihre Lieblingsdiskothek	______________
9 Ihre Volkshochschule	______________
10 Ihr Lieblingsrestaurant	______________

Bewertung: Geben Sie sich einen Punkt für jede Nummer, an die Sie sich richtig erinnert haben. Stimmt aber auch nur eine Ziffer der Telefonnummer nicht, gilt die ganze Nummer als falsch, denn wenn Sie so gewählt hätten, würden Sie nicht den gewünschten Partner erreicht haben. Die höchstmögliche Punktzahl ist 10.

Bewertung: $\frac{\quad}{10}$

Gesichter-Test-Antwort

Ordnen Sie jedem Gesicht den richtigen Namen zu.

8 H. Meister

7

6

1

5

Fr. Hammer

3 H. Fischer

2

9

Fr. Soerensen

4

10

Frl. Tempel

Für jede richtige Antwort erhalten Sie einen Punkt.

5

Spielkarten-Test-Antwort

Tragen Sie die Karten in umgekehrter Folge ein (52–1).

52 ____________________
51 ____________________
50 ____________________
49 ____________________
48 ____________________
47 ____________________
46 ____________________
45 ____________________
44 ____________________
43 ____________________
42 ____________________
41 ____________________
40 ____________________
39 ____________________
38 ____________________
37 ____________________
36 ____________________
35 ____________________
34 ____________________
33 ____________________
32 ____________________
31 ____________________
30 ____________________
29 ____________________
28 ____________________
27 ____________________
26 ____________________
25 ____________________
24 ____________________
23 ____________________
22 ____________________
21 ____________________
20 ____________________
19 ____________________
18 ____________________
17 ____________________
16 ____________________
15 ____________________
14 ____________________
13 ____________________
12 ____________________
11 ____________________
10 ____________________
9 ____________________
8 ____________________
7 ____________________
6 ____________________
5 ____________________
4 ____________________
3 ____________________
2 ____________________
1 ____________________

Es gibt einen Punkt für jede richtige Antwort. Höchste Punktzahl: 52.

Daten-Test-Antwort

9	1789	Französische Revolution
6		Schlacht von Waterloo
1	1666	Große Londoner Feuersbrunst
10	1776	Amerikanische Unabhängigkeitserklärung
2	1770	Beethovens Geburtsjahr
5		Erste Druckerpresse
4	1917	Russische Revolution
3		Unterzeichnung der Magna Charta
8		Einsteins Relativitätstheorie
7		Erfindung des Fernrohrs

Bewertung: Sie erhalten einen Punkt für jede richtige Antwort und einen halben Punkt, wenn die Abweichung nicht mehr als fünf Jahre beträgt. Höchste Punktzahl: 10. 5

Jetzt errechnen Sie Ihre Gesamtpunktzahl. Höchstmögliche Punktzahl ist 202.

Testergebnis – Zusammenfassung

Test	**Ihre Punktzahl**	**Mögliche Punktzahl**
Verknüpf-Test		40
Anhänge-Test		20
Zahlen-Test		60
Telefonnummern-Test		10
Gesichter-Test		10
Spielkarten-Test		52
Daten-Test		10
	22	202

Gesamtpunktzahl in Prozenten: ~10%

Damit sind die Anfangstests abgeschlossen (es werden weitere Tests in späteren Kapiteln folgen). Im Durchschnitt werden von den Testpersonen zwischen 20 und 60 Prozent der möglichen Punktzahl erreicht. Aber auch eine Punktzahl von 60 Prozent, die in der Anfängergruppe als ausgezeichnet gelten würde, liegt weit unter dem Resultat, das Sie erwarten dürfen, wenn Sie die Informationen dieses Buches verarbeitet haben. Ein durchschnittlich trainierter Leser würde bei jedem der vorgegebenen Tests 95 bis 100 Prozent der möglichen Punktzahl erreicht haben.

Im nächsten Kapitel befassen wir uns mit der Geschichte der Gedächtnistheorie. Sie gibt den Kontext für das Erlernen der Memoriertechniken und mnemonischen Systeme. Und sie zeigt, daß wir erst in allerjüngster Zeit begonnen haben, das uns angeborene erstaunliche Erinnerungsvermögen zu begreifen.

3

Die Geschichte der Gedächtnistheorie

Seit der Mensch seine geistigen Fähigkeiten dazu einsetzt, sich die Erde untertan zu machen, ist der Besitz eines ausgezeichneten Gedächtnisses immer eine wichtige Voraussetzung zur Gewinnung von Macht und Ansehen gewesen. Aus allen Epochen der Menschheitsgeschichte sind uns bemerkenswerte - zum Teil legendäre - Gedächtnisleistungen überliefert.

Die Griechen

Wann und wo die ersten integrierten Vorstellungen über das Wesen des Gedächtnisses entstanden sind, ist schwierig zu sagen. Die ersten intellektuell anspruchsvolleren systematischen Konzeptionen können aber wohl den Griechen der Zeit um etwa 600 v. Chr. zugeschrieben werden. Wenn wir diese »intellektuell anspruchsvollen« Ideen allerdings von unserem heutigen Wissensstand aus betrachten, so erscheinen sie uns überraschend naiv, vor allem wenn man bedenkt, daß einige ihrer Verfasser zu den größten Denkern der Weltgeschichte zählen.

Gegen Ende des 6. Jahrhunderts v. Chr. stellte Parmenides sich das Gedächtnis als eine Mischung aus Hell und Dunkel oder aus Hitze und Kälte vor. Er glaubte, das Gedächtnis sei vollkommen, solange die Mischung unverändert bleibe. Wenn aber das Mischungsverhältnis verändert werde, setze das Vergessen ein. Diogenes von Apollonia stellte im 5. Jahrhundert v. Chr. die These auf, das Gedächtnis sei ein aus vielen Einzelvorgängen bestehender Prozeß, der für eine gleichmäßige Verteilung der Luft im Körper sorge. Ähnlich wie Parmenides lehrte er, daß eine Störung dieses Gleichgewichts das Vergessen bewirke.

Es überrascht nicht, daß im 4. Jahrhundert v. Chr. Platon als erster eine wirklich fundierte Konzeption des Gedächtnisses vorlegte. Seine Theorie ist unter dem Namen Wachstafel-Hypothese bekannt. Sie hat bis in die Neuzeit eine gewisse Geltung behalten. Nach Platons Theorie nimmt der Geist Eindrücke in der gleichen Weise auf, wie das Wachs gezeichnet wird, wenn ein spitzer Gegenstand seine Oberfläche ritzt. Platon nahm an, daß der Eindruck lange erhalten blieb, aber im Laufe der Zeit immer schwächer würde und schließlich ganz verschwand. Die Oberfläche war dann wieder glatt. Diese glatte Oberfläche war nach Platon das Äquivalent für vollständiges Vergessen, der entgegengesetzte Aspekt des gleichen Prozesses. Heute sind viele Wissenschaftler der Meinung, daß Erinnern und Vergessen zwei völlig verschiedene Prozesse sind. Wir werden darauf noch zu sprechen kommen. Zenon, der Begründer der stoischen Schule, modifizierte einige Jahrzehnte später Platons Ideen. Er lehrte, daß sinnliche Wahrnehmungen wirkliche Zeichen auf die Wachstafel »schrieben«. Geist und Gedächtnis waren für Zenon nicht an irgendein bestimmtes Organ oder einen Bereich des Körpers gebunden. Für ihn wie für die griechischen Philosophen vor ihm war »Geist« ein sehr vager Begriff.

Eine wissenschaftlichere Terminologie führte als erster Aristoteles im späten 4. Jahrhundert v. Chr. ein. Er behauptete, daß die früher verwendeten Termini ungeeignet seien, die physischen Aspekte des Gedächtnisses zu erklären. Aristoteles schrieb dem Herzen die meisten Funktionen zu, die wir heute dem Gehirn zurechnen. Ein Teil der Herzfunktion ist die Bewegung des Blutes, und auf ihr basierte nach seiner Meinung das Gedächtnis. Vergessen war das Ergebnis einer Verlangsamung dieser Bewegung. Aristoteles leistete einen weiteren wichtigen Beitrag zur Theorie des Gedächtnisses, als er seine Gesetze der Ideenassoziation entwickelte. Die Assoziation von Ideen und Leitbildern ist, wie wir heute wissen, von großer Bedeutung für das Gedächtnis. Wir werden diesen Begriff noch eingehender erörtern.

Im 3. Jahrhundert v. Chr. führte Herophilos die Begriffe »vitale« und »animalische« Geister in die Diskussion ein. Nach seiner Auffassung erzeugten die einer »höheren Ordnung« zuzurechnenden vitalen Geister die einer »niedrigeren Ordnung« angehörenden animalischen Geister, zu denen Gedächtnis, Gehirn und Nervensystem gehörten. Sie alle waren vom Herzen abhängig und ihm daher untergeordnet. Interessanterweise hat Herophilos als einen der Gründe für die Überlegenheit des Menschen über die Tiere die große Zahl der Falten seines Gehirns genannt (die Cortexwindungen, wie wir heute sagen). Herophilos gab allerdings keine Begründung für diese Schlußfolgerung. Erst im 19. Jahrhundert n. Chr., mehr als 2000 Jahre später, wurde die wirkliche Bedeutung des Cortex, der Großhirnrinde, entdeckt.

Die Griechen waren also die ersten, die nach einer nicht nur geistigen, sondern auch körperlichen Basis des Gedächtnisses suchten. Sie entwickelten wissenschaftliche Begriffe und eine klare Terminologie. Und durch ihre Wachstafel-Hypothese versuchten sie zu verdeutlichen, daß Erinnern und Vergessen entgegengesetzte Aspekte des gleichen Prozesses sind.

Die Römer

Der theoretische Beitrag der Römer zur Erforschung des Gedächtnisses war überraschend gering. Die größten Denker ihrer Zeit, unter ihnen Cicero im ersten vorchristlichen und Quintilian im ersten nachchristlichen Jahrhundert akzeptierten ohne Einwendungen die Wachstafel-Hypothese für das Phänomen Gedächtnis und befaßten sich ansonsten kaum mit diesem Thema. Ihre große und dauerhafte Leistung lag auf praktischem Gebiet, der Entwicklung von Memoriersystemen. Sie erfanden unter anderem die Technik des Verknüpf-Systems und des Raum-Systems, die wir in späteren Kapiteln beschreiben werden.

Der Einfluß der christlichen Kirche

Der nächste wichtige Beitrag zur Gedächtnistheorie stammte von dem berühmten Arzt Galenus im 2. Jahrhundert n. Chr. Er entdeckte und beschrieb verschiedene anatomische und physiologische Strukturen und erforschte eingehend Funktion und Aufbau des Nervensystems. Wie Herophilos nahm er an, daß das Gedächtnis und die Denkprozesse Teil der niedrigeren Ordnung animalischer Geister seien. Er ging davon aus, daß diese Geister in den Seiten des Gehirns erzeugt würden und daß folglich das Gedächtnis dort seinen Sitz habe. Galenus glaubte, es würde Luft vom Gehirn angesogen, die sich mit den vitalen Geistern vermische. Diese Mischung erzeuge die animalischen Geister, die das Nervensystem durchdrängen und damit die Menschen befähigten, Sinneswahrnehmungen zu erfahren.

Galenus' Vorstellungen vom Gedächtnis setzten sich rasch durch und wurden von der Kirche toleriert. Seine Ideen wurden schließlich offizielle kirchliche Lehrmeinung. Die Folge war, daß 1500 Jahre lang auf diesem Gebiet nur wenig Fortschritt zu verzeichnen war. Die intellektuelle Einengung wirkte sich für manche der größten Philosophen und Wissenschaftler als starke Behinderung aus. Ende des 4. Jahrhunderts n. Chr. akzeptierte Augustinus widerspruchslos die kirchliche Lehrmeinung, daß das Gedächtnis eine Funktion der Seele sei und daß die Seele ihren Sitz im Gehirn habe. Er setzte sich nie mit den anatomischen Aspekten dieser Vorstellungen auseinander.

Von der Zeit des Augustinus bis zum 17. Jahrhundert gab es keine neuen Theorien von Bedeutung, und selbst im 17. Jahrhundert noch wurden neue Ideen durch kirchliche Restriktionen behindert. Sogar ein so großer Denker wie Descartes akzeptierte Galens Grundvorstellung. Er modifizierte sie lediglich durch die Annahme, daß die animalischen Geister von der Zirbeldrüse aus auf besonderen Bahnen durch das Gehirn geleitet würden und daß sie an einer bestimmten Stelle die Gedächtnisfunktion »auslösten«. Je ausgeprägter diese Bahnen seien, um so bereitwilliger würden sie sich dem Durchzug der animalischen Geister öffnen. Nach seiner Theorie sind sowohl Verbesserungen der Gedächtnisleistung wie auch die Entwicklung sogenannter Gedächtnisspuren auf physische Veränderungen im

Nervensystem zurückzuführen. Die Spuren bestimmen unser Erinnerungsvermögen.

Auch ein anderer großer Philosoph, Thomas Hobbes, befaßte sich mit der Theorie des Gedächtnisses, ebenfalls ohne die offizielle Lehrmeinung offen in Frage zu stellen. Er lehnte sich an die Ideen des Aristoteles an und verwarf die Vorstellung eines nicht körperlich bedingten Gedächtnisses. Er vermied es jedoch, die wahre Natur des Gedächtnisses zu spezifizieren und sich in der Frage seiner Lokalisierung festzulegen.

Die vorsichtigen theoretischen Äußerungen der Philosophen des 17. Jahrhunderts zeigen deutlich, wie tiefgreifend der hemmende Einfluß der kirchlichen Lehrmeinung war. Praktisch alle diese großen Denker akzeptierten widerspruchslos die primitiven Vorstellungen über das Gedächtnis, die Galen im 2. Jahrhundert entwickelt hatte.

Das 18. Jahrhundert - eine Übergangszeit

Einer der ersten, die unter dem Einfluß der Renaissance und der Newtonschen Ideen neue Wege gingen, war in der ersten Hälfte des 18. Jahrhunderts David Hartley, der Begründer der Assoziationspsychologie. In Anwendung der Newtonschen Schwingungsgesetze entwickelte Hartley die These, daß Schwingungen im Gehirn, die schon vor der Geburt einsetzten, das Gedächtnis formten. Neue Sinneswahrnehmungen modifizierten die Schwingungen nach Art, Ausschlag und Richtung. Diese würden rasch wieder in ihren vorherigen Zustand zurückkehren. Wenn aber die gleiche Sinneswahrnehmung ein zweitesmal gemacht würde, brauchten die Schwingungen ein wenig mehr Zeit, um ihre alte Form wiederzufinden. Diese Progression würde schließlich darin resultieren, daß die Schwingungen ihren »neuen« Rhythmus beibehielten und so eine neue Gedächtnisspur gebildet würde.

Ebenfalls im 18. Jahrhundert stellte Zanotti als erster einen Zusammenhang zwischen elektrischen Kräften und Gehirnfunktionen her, und Bonner entwickelte Hartleys Ideen über die Flexibilität der Nervenfasern weiter. Er stellte fest, daß die Nerven um so leichter in Schwingung gerieten, je häufiger sie gereizt würden, und daß sich das

Gedächtnis auf diese Weise verbesserte. Die theoretischen Ansätze wurden durch Entwicklungen auf verwandten naturwissenschaftlichen Gebieten beeinflußt und waren wissenschaftlich fundierter als die rein philosophischen Vorstellungen früherer Jahrhunderte. Diese Wechselwirkung von Ideen legte den Grundstock, auf dem moderne Gedächtnistheorien aufbauten.

Das 19. Jahrhundert

Vor allem die Entwicklung der Naturwissenschaft in Deutschland führte im 19. Jahrhundert zu bedeutenden Fortschritten. Viele der von den Griechen initiierten Ideen wurden über Bord geworfen, und die Gedächtnistheorie bezog auch die Ergebnisse der biologischen Forschung in ihre Untersuchungen ein.

Der tschechische Physiologe Georg Prochaska verwarf endgültig und unwiderruflich die veraltete Theorie des Galen von den animalischen Geistern mit der Begründung, daß sie keine naturwissenschaftliche Basis habe und es keine Beweise für sie gebe. Er vertrat die Meinung, bei dem derzeitigen begrenzten Wissensstand seien Spekulationen über die Lokalisierung des Gedächtnisses im Gehirn reine Zeitverschwendung. »Eine räumliche Ortung mag möglich sein«, sagte er, »aber wir wissen im Augenblick einfach nicht genug, um sie vorteilhaft zu nutzen.« Es dauerte über fünfzig Jahre, bis die Lokalisierung der Bereiche der Gedächtnisfunktion vorteilhaft genutzt werden konnte.

Eine andere wichtige Theorie entwickelte im 19. Jahrhundert der französische Physiologe Pierre Flourens, der eine Lokalisierung des Gedächtnisses in einem bestimmten Teil des Gehirns verwarf. Nach seiner Theorie wirkte das Gehirn als Gesamtheit und konnte nicht als Interaktion elementarer Teile betrachtet werden.

Moderne Theorien

Die Entwicklungen in der Gedächtnisforschung sind in erheblichem Maße durch Fortschritte in der Technologie und der Methodenlehre gefördert worden. Fast ausnahmslos stimmen Psychologen und Physiologen darin überein, daß das Gedächtnis seinen Sitz im Großhirn hat, das mit der aus Nervenzellen bestehenden Großhirnrinde (dem Cortex) und dem unter ihr liegenden aus Nervenfasern bestehenden Marklager die übrigen Hirnteile wie ein Mantel bedeckt. Auch heute noch erweist sich aber die exakte Lokalisierung der Gedächtnisbereiche als sehr schwierig, wie übrigens auch das genaue Verständnis der Funktion des Gedächtnisses selbst. Um die Jahrhundertwende gab die Einführung experimenteller Methoden durch den Physiologen Hermann Ebbinghaus der Gedächtnisforschung neue Impulse. In der nach ihm benannten »Kurve des Vergessens« macht Ebbinghaus die Zusammenhänge zwischen Lernen, Wiederholen und Vergessen deutlich. Die moderne Gedächtniswissenschaft baute auf seinen Erkenntnissen auf und entwickelte sie weiter. Man kann heute drei Hauptbereiche der Gedächtnisforschung und -theorie unterscheiden: die Erforschung der biochemischen Basis für das Gedächtnis; die theoretische Begründung der Vermutung, daß das Erinnern kein unabhängiger, einmaliger Prozeß ist, sondern aus mehreren Teilprozessen besteht; und drittens die klinische Untersuchung der Gehirnstimulation, die der Chirurg Wilder Penfield eingeführt hat.

Die Erforschung der biochemischen Basis für das Gedächtnis begann in den späten fünfziger Jahren. Sie geht von der Annahme aus, daß Ribonukleinsäure (RNA), ein komplexes Molekül, als chemischer »Vermittler« für das Gedächtnis dient. Sie wird von der Desoxyribonukleinsäure (DNA) produziert, in der der genetische Code gespeichert ist. DNA bestimmt zum Beispiel die Augenfarbe. Eine Anzahl von Experimenten hat bestätigt, daß RNA tatsächlich großen Einfluß darauf hat, wie unser Gedächtnis funktioniert. Es wurde zum Beispiel beobachtet, daß bei Tieren spezielle Abrichtmethoden eine Veränderung der RNA in bestimmten Zellen bewirkten. Andere Versuche ergaben, daß ein Tier seine Fähigkeit zum Lernen und Erinnern verlor, wenn die Produktion von RNA in seinem Körper gestoppt oder verändert wurde. Ein besonders interessantes Ergebnis brachte ein Experiment, bei dem einer Ratte RNA entnommen und diese einer anderen Ratte injiziert wurde: Die zweite Ratte »erinnerte sich« an Dinge, die man nicht ihr, sondern der ersten Ratte beigebracht hatte.

Während die Erforschung dieser Aspekte des Gedächtnisses gute Fortschritte macht, wenden sich andere Theoretiker gegen eine

Überbetonung des »Erinnerns« und konzentrieren sich mehr auf das »Vergessen«. Sie behaupten, Gedächtnis sei weniger eine Funktion des Erinnerns als des stufenweisen Vergessens. Diese Vorstellung ist auch in die Duplex-Theorie eingegangen, nach der es zwei verschiedene Arten der Informationsbewahrung gibt, eine langfristige und eine kurzfristige. Wir empfinden es zum Beispiel als etwas deutlich Verschiedenes, ob wir uns kurzfristig eine fremde Telefonnummer merken oder uns dauerhaft an unsere eigene erinnern. Bei der kurzfristigen Situation ist die Vorstellung im Gehirn vorhanden, aber noch nicht kodifiziert, und sie wird daher rasch vergessen. Bei der langfristigen Situation ist die Vorstellung vollständig kodifiziert, registriert und gespeichert und wird wahrscheinlich über Jahre, wenn nicht für das ganze Leben, bewahrt.

Die klinische Erforschung der Gehirnstimulation wurde erstmals von Dr. Wilder Penfield unternommen. Als dieser durch Kraniotomie (die Entfernung eines kleinen Teils des Gehirns) epileptische Anfälle zu reduzieren versuchte, mußte er zunächst einen Teil der Hirnschale über einer Seite des Gehirns abnehmen. Vor Beginn der Operation führte Penfield eine systematische Stimulierung der offenliegenden Gehirnbereiche durch, und der Patient, der jetzt bei Bewußtsein war, berichtete seine Erfahrung nach jeder Stimulierung. Als er bei einem Patienten den Schläfenlappen des Gehirns stimulierte, berichtete dieser die Wiederbelebung der Erinnerung an ein Kindheitserlebnis.

Penfield fand heraus, daß die Stimulierung verschiedener Bereiche der Großhirnrinde eine Reihe von Reaktionen hervorbringt, daß aber nur die Stimulierung der Schläfenlappen bedeutsame und integrierte Erfahrungen aufdeckt. Diese Erfahrungen sind oft so umfassend, daß sie Farben, Geräusche, Bewegungen und Gefühlsinhalte der Originalerlebnisse einschließen.

Von besonderem Interesse war bei diesen Untersuchungen die Tatsache, daß manche der von Penfield durch elektrische Stimulierung freigelegten Gedächtnisinhalte für die normale Erinnerung nicht verfügbar waren. Hinzu kam, daß die durch Stimulierung aufgedeckten Erfahrungen viel präziser und detaillierter waren als das normale bewußte Erinnern, das zur Verallgemeinerung neigt. Penfield kam zu der Überzeugung, daß das Gehirn jede Einzelheit festhält, der es bewußte Aufmerksamkeit zuwendet, und daß diese Erinnerung auf Dauer erhalten bleibt, obwohl sie im täglichen Leben »vergessen« zu sein scheint.

In neuerer Zeit haben einige Gedächtnisforscher die Ganzheitstheorie von Flourens wieder aufgegriffen. Sie gehen davon aus, daß jeder Teil des Gehirns *alle* Erinnerungen enthält. Dieses Modell basiert auf der holographischen Photographie. Vereinfacht ausgedrückt ist eine holographische Photoplatte ein Stück Glas, auf das in einem bestimmten Winkel einfallende Laserstrahlen ein dreidimensionales Bild reproduzieren. Wenn man nun diese Photoplatte in hundert oder tausend Stücke zerschlägt, erzeugen die Laserstrahlen auf jedem Stück das vollständige (wenn auch etwas undeutlichere) Bild. Jeder Teil der holographischen Photoplatte enthält also eine Miniaufzeichnung des ganzen Bildes.

Der britische Physiker David Bohm und einige andere Wissenschaftler nehmen an, daß das Gehirn ähnlich konstruiert ist. Mit anderen Worten: Jede einzelne der Multimillionen Gehirnzellen könnte als ein Minigehirn fungieren und auf eine phantastisch komplexe Art, die von unseren relativ groben Meßinstrumenten noch nicht erfaßt werden kann, den gesamten Erfahrungsbestand speichern. Diese Theorie mag uns phantastisch erscheinen, sie zeigt uns jedoch einen Weg, um die Vollkommenheit unserer Traumerinnerungen, die überraschende Zufallserinnerung, die erstaunlichen Leistungen von Gedächtniskünstlern, die Kapazitätsresultate der Rosenzweig-Experimente und die Erkenntnisse aus der Penfield-Gehirnchirurgie, Anokhins Berechnungen über die schwindelerregenden Zahlen der Strukturbildungsmöglichkeiten der Gehirnzellen und die Erfahrungen der Todesnähe zu erklären.

Aber auch jetzt noch stehen wir erst auf der Schwelle zu einer wunderbaren neuen Welt des Wissens, voller Entdeckungsfreude wie die ersten Seefahrer, die sich aufmachten, zu neuen Ufern zu segeln.

Unsere zwei Gehirne

Ergänzt wurde diese Forschung durch die Entdeckung, daß wir nicht ein Gehirn, sondern zwei Gehirne besitzen. Professor Roger Sperry, Neurophysiologe am California Institute of Technology in Pasadena, erhielt 1981 den Nobelpreis für Medizin für seine bahnbrechenden Arbeiten auf diesem Gebiet. Sperry entdeckte, daß unser Gehirn aus zwei Hemisphären besteht, die unterschiedliche Funktionen haben.

Sperry hat festgestellt, daß bei den meisten Menschen die linke Gehirnhälfte die folgenden Bereiche steuert:

Logik
Sprache
Zahlen
Folge und Linearität
Analyse

Ebenso steuert bei den meisten Menschen die rechte Gehirnhälfte die folgenden geistigen Funktionen:

Rhythmus und Musik
Phantasie
Wachträumerei
Farbe
Dimension

In jedem von uns sind latent alle diese Fähigkeiten vorhanden, sie müssen nur geweckt werden. Sperry und andere Wissenschaftler fanden auch heraus, daß, je stärker der Mensch beide Seiten seines Gehirns gemeinsam beansprucht, um so mehr die Entwicklung einer Seite auch der anderen zugute kommt. Man stellte zum Beispiel fest, daß das Studium der Musik sich förderlich auf das Studium der Mathematik auswirkte und umgekehrt das Studium der Mathematik hilfreich für das Studium der Musik war; daß das Erlernen rhythmischer Bewegungen das Sprachenstudium erleichterte und umgekehrt, daß räumliches Vorstellungsvermögen das Studium der Mathematik förderte und so weiter. Es wurde auch bewiesen, daß die Beanspruchung mehrerer dieser Funktionsbereiche die Gesamtkapazität des Gedächtnisses stärkte.

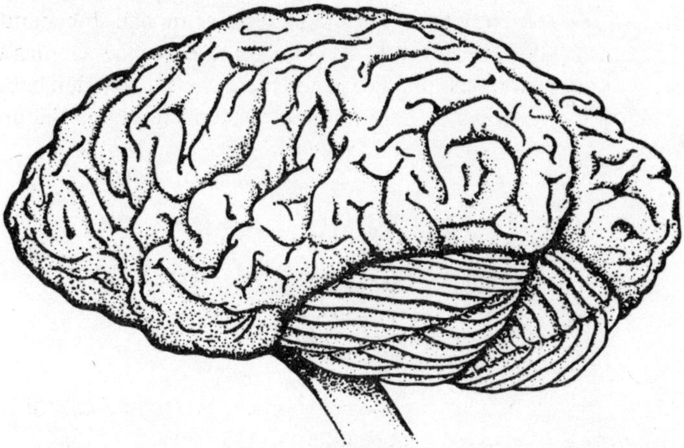

So sieht unser Gehirn aus, von einem Punkt links von der linken Schulter aus gesehen. Man blickt auf die linke Hemisphäre, die die geistigen Funktionen Logik, Sprache, Zahlen, Folge, Linearität und Analyse steuert. Die rechte Seite des Gehirns, von der wir nur einen Zipfel sehen, steuert Rhythmus und Musik, Phantasie, Wachträumerei, Farbe und Dimension. Diese beiden Bereiche müssen zusammenwirken, um unser Gedächtnis voll funktionsfähig zu machen.

4

Die Grundlagen der Mnemotechnik

Für die Griechen war das Gedächtnis etwas so Geheimnisvolles und Bedeutendes, daß sie eine Gottheit aus ihm machten – Mnemosyne. Vom Namen dieser Göttin leitet sich das Wort *Mnemonik* ab, mit dem wir die Gesamtheit der Memoriertechniken bezeichnen. Römische Senatoren zum Beispiel erlernten diese Techniken, um ihren Senatskollegen und dem Volk mit ihren phänomenalen Lern- und Gedächtniskünsten zu imponieren. Durch die Anwendung dieser einfachen, aber durch ihre logische Klarheit bestechenden Methoden konnten die Römer sich, ohne den kleinsten Fehler, Tausende von Informationen einprägen.

Mehr als zweitausend Jahre bevor der Wissenschaft die physiologische Aufschlüsselung der Funktionen der linken und rechten Hemisphäre unseres Gehirns gelang, hatten die Griechen intuitiv erkannt, daß ein perfektes Gedächtnis auf zwei Prinzipien beruht:

Imagination
Assoziation

Während in unserer Zeit das Erziehungswesen den Gebrauch der Imagination, der Phantasie, kaum fördert und wir auch nur sehr wenig über die Natur der geistigen Assoziation lernen, legten die Griechen besonderen Nachdruck auf diese beiden Grundsteine geistiger Tätigkeit. Damit schufen sie die Fundamente, auf denen spätere Zeiten neue Methoden der Mnemonik aufbauen konnten.

Das Grundprinzip ist einfach: Wenn wir uns an eine Sache erinnern wollen, brauchen wir nichts anderes zu tun, als sie mit einem unveränderbar fixierten Objekt zu assoziieren (verknüpfen) und uns dazu unserer Phantasie zu bedienen.

Die Regeln

Die von den Griechen festgelegten Regeln der Mnemonik entsprechen genau den in jüngster Zeit gewonnenen Erkenntnissen über die Funktionen der rechten und der linken Gehirnhemisphäre. Ohne wissenschaftliche Basis waren die Griechen sich der Tatsache bewußt, daß man alle Aspekte des Geistes nutzen muß, um ein voll funktionsfähiges Gedächtnis zu erhalten. Wir wollen uns diese Regeln der Mnemonik kurz anschauen.

Unser Assoziationsvermögen wird durch die folgenden Hilfsmittel unterstützt:

1. Farbe. Je mehr und je lebhaftere Farben wir verwenden, um so größer ist der Erfolg. Die Hervorhebung durch Farbe allein kann unser Gedächtnis bis zu 50 Prozent verbessern.

2. Imagination. Die Imagination ist das Kraftwerk des Gedächtnisses. Je lebhafter unsere Phantasie ist, um so leichter fällt uns das Erinnern. Hilfsmittel der Imagination sind zum Beispiel:
a. Übertreibung. Je gigantischer und übertriebener die Bilder unserer Phantasie sind, um so besser prägen sie sich ein.
b. Kontraktion. Ein Bild, das man sich deutlich in extremer Verkleinerung vorstellen kann, behält man gut im Gedächtnis.
c. Absurdität. Je grotesker, je possenhafter und absurder die geistigen Bilder sind, um so einprägsamer sind sie.

3. Rhythmus. Viel Rhythmus und rhythmische Variation lassen ein Bild in der Erinnerung stärker haften.

4. Bewegung. Versuchen Sie, wo immer das möglich ist, Bewegung in ihre geistigen Bilder zu bringen. An bewegliche Objekte erinnert man sich normalerweise besser als an statische.

5. Die Sinne. Schmecken, Tasten, Riechen, Sehen, Hören. Je mehr Sinne an der Schaffung von Gedächtnisbildern beteiligt sind, um so besser werden Sie sich an diese erinnern. Wollen Sie sich zum Beispiel merken, daß Sie Äpfel kaufen sollen, dann ist die Chance, diesen Auftrag nicht zu vergessen, viel besser, wenn Sie sich sinnlich vorstellen, wie Sie einen Apfel riechen, ihn mit den Händen greifen, hineinbeißen und seinen Saft schmecken, sehen, wie Sie ihn zum Munde führen, und hören, wie Sie ihn kauen.

6. Sex. Die Sexualität ist einer unserer stärksten Triebe. Wenn Sie diesen Aspekt Ihres Wesens für die Wachträumerei nutzen, wird Ihr Gedächtnis davon profitieren.

7. System und Ordnung. Ergänzt werden muß die Imagination durch Ordnung und System, um das Gedächtnis perfekt funktionstüchtig zu machen. Sie helfen uns, die Dinge so zu kategorisieren und zu gliedern, daß sie leichter zugänglich werden, wie ja auch ein ordentliches Registratursystem einen besseren Zugriff erlaubt, als wenn Schriftstücke ungeordnet oder unsystematisch abgelegt werden.

8. Zahlen. Um Ordnung und System in eine Sache zu bringen, empfiehlt es sich oft, Zahlen zu verwenden. Viele der Mnemoniksysteme, die wir in diesem Buch besprechen, bauen auf Zahlensystemen auf.

9. Dimension. Nutzen Sie die Fähigkeit Ihrer rechten Gehirnhälfte, um die geistigen Bilder räumlich zu sehen.

Bildhafte Erinnerungs-Schlüsselwörter

Alle Memoriersysteme arbeiten mit Schlüsselwörtern. Diese Wörter werden dadurch zu »Erinnerungs-Schlüsselwörtern«, daß man an sie wie an Kleiderhaken andere Dinge anhängen kann, an die man sich erinnern will. Erinnerungs-Schlüsselwörter müssen bildhaft sein, denn sie sollen im Geist des Menschen, der das Memoriersystem benutzt, ein Bild oder eine Vorstellung hervorrufen.

Wenn Sie sich mit den in den folgenden Kapiteln beschriebenen Mnemoniksystemen vertraut gemacht haben, werden Sie den Sinn der methodischen Regel verstehen, daß die von Ihrem Geist produzierten Bilder nur die Dinge enthalten sollen, die für die Erinnerung wichtig sind, und daß diese Dinge mit Erinnerungs-Schlüsselbildern assoziiert sind. Die Verbindungen zwischen den Schlüsselbildern und den Dingen, an die sie erinnern sollen, müssen so fundamental und unkompliziert wie möglich sein.

Man kann sie

1. zusammenstoßen
2. zusammenfügen
3. aufeinanderstapeln
4. untereinanderlegen
5. ineinanderstecken
6. untereinander austauschen
7. anders plazieren.

Es wird Ihnen inzwischen klargeworden sein, daß die von den Griechen erfundenen Systeme, die fast 2000 Jahre lang als bloße Tricks abgetan worden waren, in Wirklichkeit nach denselben Prinzipien verfuhren, nach denen das menschliche Gehirn funktioniert. Die Menschen der Antike waren sich der Bedeutung von Wort, Ordnung, Folge und Zahl bewußt, die, wie wir heute wissen, Funktionen der linken Seite unseres Gehirns sind; und sie kannten auch die Bedeutung von Imagination, Farbe, Rhythmus, Dimension und Wachträumerei, Funktionen unserer rechten Gehirnhälfte.

Mnemosyne galt bei den Griechen als die schönste der Göttinnen, und Zeus zog sie allen unsterblichen und sterblichen Frauen vor. Er wohnte ihr neun Tage und Nächte bei und zeugte mit ihr die neun Musen, die Göttinnen der Geschichte, des Epos, der Tragödie, der Komödie, der Astronomie, des Tanzes, der Musik, der Lyrik, der Pantomime. Aus der Vereinigung von Kraft (Zeus) und Gedächtnis (Mnemosyne) entstanden so nach den Vorstellungen der Griechen Kreativität und Wissen.

Die Intuition hat ihnen den richtigen Weg gewiesen. Wenn wir die Prinzipien und Techniken der Mnemonik richtig anwenden, dann wird sich nicht nur unser Gedächtnis, sondern auch unsere Kreativität verbessern, und damit werden die mentalen Funktionen allgemein und die Aneignung von Wissen gefördert. Bei diesem Prozeß werden wir eine neue, dynamische Synthese von linker und rechter Gehirnhälfte entwickeln.

In den folgenden Kapiteln werde ich Sie Schritt für Schritt zunächst durch die sehr einfachen, dann durch die komplizierteren Systeme der Mnemotechnik führen, und zum Schluß werden Sie den Star der Mnemonik, das Major-System, kennenlernen, das Sie befähigen wird, sich so viele Tausende von Dingen zu merken, wie Sie wünschen. Und damit Sie die außerordentlichen Ergebnisse, die Sie hierbei erzielen werden, auch bewahren können, werde ich Ihnen zeigen, wie Sie Ihr Gedächtnis über eine lange Zeit hinweg in Höchstform erhalten.

5

Das Verknüpf-System

In diesem Kapitel werden Sie sich selbst davon überzeugen, daß Sie die Leistungsfähigkeit Ihres Gedächtnisses erheblich steigern können und daß damit gleichzeitig Ihre imaginativen Kräfte und Ihre Kreativität freigesetzt werden. Das Verknüpf-System ist das elementarste aller Mnemoniksysteme. Es gibt Ihnen das Fundament, auf dem Sie mühelos das Studium der komplizierteren Systeme aufbauen können. Dieses Basissystem wird zur Memorierung kurzer Aufstellungen verwendet, zum Beispiel von Einkaufslisten, bei dem jedes einzelne Stück mit dem nächsten verknüpft oder assoziiert wird. Bei der Anwendung dieses Systems nutzen Sie alle folgenden Basisprinzipien des Erinnerns:

Imagination
Assoziation
Übertreibung
Kontraktion – Verkleinerung geistiger Bilder
Absurdität – Benutzung surrealistischer oder grotesker Bilder
Humor
Farbe
Rhythmus
Bewegung
Geschmackssinn
Tastsinn
Geruchssinn
Gesichtssinn
Gehörsinn

Sensualität - Einsatz möglichst vieler Sinne
Sexualität
Ordnung und System
Zahl
Substitution - Ersatz eines Bildes durch ein anderes

Durch Anwendung dieser Prinzipien fördern Sie den dynamischen Austausch zwischen rechter und linker Gehirnhemisphäre und entwickeln damit zugleich alle Kräfte Ihres Gehirns. Nehmen wir einmal an, Sie sollen die folgenden Dinge einkaufen:

einen versilberten Schöpflöffel
sechs Trinkgläser
Bananen
Kernseife
Eier
biologisches Waschpulver
Seidengarn
Vollkornbrot
Tomaten
Rosen.

Statt das alles auf einen Zettel zu schreiben, den Sie dann liegenlassen oder nicht wiederfinden können, oder die Liste auswendigzulernen und dann zwei oder drei Sachen zu vergessen, sollten Sie einfach die elementaren Prinzipien des Erinnerns in folgender Weise anwenden.

Stellen Sie sich vor, wie Sie aus Ihrer Haustür gehen und dabei einen tollen Balanceakt vollführen: Zwischen den Zähnen halten Sie den Stil eines riesigen Schöpflöffels aus versilbertem Metall, den Sie in ihrem Mund *schmecken* und *fühlen.*

Vorsichtig balancieren Sie in der Kelle des Löffels sechs *auffallend* dekorative Kristallgläser, die das Sonnenlicht so stark widerspiegeln, daß es Ihren Augen weh tut. Gleichzeitig *hören* Sie, wie die Gläser in der Silberkelle fein klingen. Wenn Sie auf die Straße hinausgehen, treten Sie auf eine *riesige gelb- und braunfarbige* Banane, die aufplatzend unter ihren Füßen *wegglitscht.* Da Sie ein glänzender Balancierer sind, schaffen Sie es gerade noch, sich zu fangen, und setzen zuversichtlich den anderen Fuß auf, nur um festzustellen, daß Sie auf einen schimmernd weißen Riegel Kernseife getreten sind. Da dies sogar für einen Balancekünstler wie Sie zuviel ist, fallen Sie nach hinten und landen mit dem Hinterteil in einem Haufen Eier. Sie *hören* das Platzen der Schalen, *sehen* die Brühe aus gelbem Dotter und Eiweiß und *fühlen*, wie die Feuchtigkeit Ihre Kleider durchdringt.

Beflügelt von Ihrer *Phantasie* und der Lust zur *Übertreibung,* sind Sie in Windeseile ins Haus zurückgegangen, haben in wenigen Sekunden sich ausgezogen, die beschmutzten Kleider mit biologischem Waschpulver gewaschen und sind schon wieder in der Haustür. Diesmal jedoch, vorsichtig geworden durch den vorherigen Unfall, ziehen Sie sich an einem *riesenlangen* Seil aus *Millionen* von Seidenfäden entlang, das Ihre Haustür mit der Drogerie *verbindet.*

Gerade als diese Übung Sie hungrig zu machen beginnt, trägt der warme Wind einen *unglaublich starken Duft* frischgebackenen Vollkornbrots heran. Das Wasser läuft Ihnen im Mund zusammen, als Sie an den *Geschmack* des frischen Brotes denken. Sie betreten den Bäckerladen und bemerken zu Ihrer Verwunderung, daß jeder Laib Brot in den Regalen mit *leuchtend roten* Tomaten verziert ist, eine neue Modekreation des Bäckers.

Als Sie die Bäckerei verlassen, *geräuschvoll* an Ihrem Vollkorn-Tomaten-Brot kauend, sehen Sie vor sich eine Frau mit phantastischem *Sex-Appeal* in beschwingtem *Rhythmus* die Straße hinuntergehen. Ihre unmittelbare Reaktion ist, der Frau Rosen zu kaufen, Sie stürzen in den nächsten Blumenladen und lassen sich den ganzen Vorrat an roten Rosen geben. Der *Duft* des Riesenstraußes ist betörend, und Sie *fühlen*, wie Dornen Ihre Hand aufritzen.

Nachdem Sie diese grotesk-phantasievolle Geschichte gelesen haben, schließen Sie Ihre Augen und versuchen, den ganzen bildhaften Ablauf zu rekonstruieren. Wenn Sie meinen, Sie könnten sich an alle Gegenstände auf der Einkaufsliste erinnern, dann tragen Sie auf der nächsten Seite Ihre Antworten ein. Wenn nicht, lesen Sie dieses Kapitel noch einmal durch, und vergegenwärtigen Sie sich die bildhafte Verknüpfung der einzelnen Glieder dieser Geschichte. Dann tragen Sie die Antworten ein.

Gedächtnistest

Notieren Sie hier die zehn Gegenstände, die Sie kaufen sollten.

1 silberner Schöpflöffel

2 Gläser

3 Bananen

4 Kernseife Eier

5 biologisches Waschmittel

6 Seidengarn

7 Vollkornbrot

8 Tomaten

9 Rosen

10

Wenn Sie sieben oder mehr richtige Antworten haben, gehören Sie bereits zu dem einen Prozent der Spitzengruppe. Und Sie haben sich der Schlüssel bedient, mit denen Sie einen großen Teil des unbegrenzten Potentials Ihres Gehirns »erschließen« können.

Üben Sie das Verknüpf-System anhand einiger Listen, die Sie selbst aufstellen. Denken Sie daran, die elementaren Prinzipien des Erinnerns anzuwenden und sich möglichst phantasievolle, groteske und sinnhafte Bilder vorzustellen. Wenn Sie glauben, das Verknüpf-System einigermaßen zu beherrschen, dann nehmen Sie das nächste Kapitel in Angriff.

6

Das Zahl-Form-System

Im vorigen Kapitel haben Sie das überwiegend vom rechten Gehirn gesteuerte Verknüpf-System kennengelernt, bei dem Sie alle elementaren Prinzipien des Erinnerns angewendet haben, mit Ausnahme von Zahl und Ordnung. Wir gehen nun zu dem ersten der Anhänge-Systeme weiter. Die Anhänge-Systeme unterscheiden sich dadurch vom Verknüpf-System, daß sie eine Reihe von Erinnerungs-Schlüsselbildern verwenden, die sich nie ändern und mit denen alles, was Sie sich merken wollen, verbunden und assoziiert wird. Man kann sich ein solches System wie einen Kleiderschrank vorstellen, in dem an einer Stange eine bestimmte Anzahl von Kleiderbügeln hängt. Die Bügel bleiben immer die gleichen, aber die Kleider, die an sie gehängt werden, können unbegrenzt oft gewechselt werden. Bei dem Zahl-Form-System, das wir als erstes besprechen wollen, stellen Zahl und Form die Kleiderbügel dar, und die Dinge, an die Sie sich erinnern wollen, sind die Kleider, die man auf die Bügel hängt. Das System ist sehr einfach und benutzt nur die Zahlen von 1 bis 10.

Das beste System ist immer eines, das Sie sich selbst schaffen – es ist jedem System überlegen, das Ihnen geliefert wird. Der Geist des Menschen ist einzigartig, und die Assoziationen, Verbindungen und Bilder, die Ihr Geist produziert, werden sich im allgemeinen von denen jedes anderen Menschen unterscheiden. Die Assoziationen und Bilder, die Sie aus Ihrer eigenen kreativen Phantasie erzeugen, werden viel dauerhafter und einprägsamer sein als irgendwelche andere, die man Ihnen »einpflanzt«. Ich werde deshalb genau erklären, wie Sie ein System aufbauen können, und anschließend werde ich einige praktische Anwendungsbeispiele geben.

Beim Zahl-Form-System brauchen Sie sich nur Bilder für die Zahlen von 1 bis 10 vorzustellen. Jedes Bild wird Sie an eine Zahl erinnern, weil beide, Bild und Zahl, die gleiche Form haben. Um es Ihnen an einem einfachen Beispiel zu erläutern: das bildhafte Erinnerungs-Schlüsselwort für die Zahl 2, das die meisten Menschen gebrauchen, ist *Schwan*, denn die Zahl 2 hat eine ähnliche Form wie der Schwan, bzw. der Schwan sieht wie eine lebendige, elegante Version der Zahl 2 aus.

Beim Zahl-Form-System werden Bilder, die der Form der Zahl ähnlich sehen, als Bügel oder Haken benutzt, an welche man die Dinge »hängt«, die man sich merken will. Zum Beispiel ist der Schwan ein gebräuchliches Schlüsselbild für die Zahl 2.

Im Anschluß an die folgenden Beispiele finden Sie eine Liste von 1 bis 10 mit einer Freizeile hinter jeder Zahl, in die Sie die Wörter eintragen sollen, die nach Ihrer Meinung am besten die Form der jeweiligen Zahl bildhaft darstellen. Denken Sie daran, visuell einprägsame Bilder mit vielen farbigen Effekten auszuwählen, und lassen Sie Ihrer Phantasie dabei freien Lauf. Es sollten Bilder sein, die Ihnen Spaß machen, dann werden Sie mühelos die Dinge, an die Sie sich erinnern wollen, mit ihnen verbinden.

Hier einige Beispiele:

1 Pfosten, Bleistift, Federhalter, Penis, Strohhalm, Kerze, Taktstock
2 Schwan, Ente, Gans
3 Brüste, Doppelkinn, Gesäß, Maulwurfshügel
4 Yacht, Tisch, Stuhl
5 Becken und Trommel, Haken, schwangere Frau
6 Elefantenrüssel, Golfschläger, Kirsche, Pfeife
7 Klippe, Angelschnur, Bumerang
8 Brezel, Schneemann, Sanduhr, Sexbombe
9 Tennisschläger, Spermafaden, Kaulquappe, Flagge, Lorgnon
10 Schläger und Ball, Laurel und Hardy, Pat und Patachon

Nehmen Sie sich nicht mehr als zehn Minuten Zeit, um die folgende Liste von 1 bis 10 auszufüllen. Wenn Ihnen eine Zahl Schwierigkeiten macht, dann überschlagen Sie diese einfach.

Zahl	**Zahl-Form-Merkwörter**
1	Dynamitstange
2	Schwan
3	Po
4	Klappstuhl
5	Kranhaken
6	Robin Hood
7	Spazierstock
8	Maske
9	Frauenbüste
10	Liebespaar

Nachdem Sie nun selbst mehrere Zahl-Bilder gefunden und auch einige Vorschläge gesehen haben, sollten Sie das Zahl-Form-Schlüsselbild für jede Zahl auswählen, das Ihnen am besten zusagt.

Danach zeichnen Sie in die anschließende Liste Ihr Bild für jede einzelne Zahl. Fühlen Sie sich nicht gehemmt, wenn Sie glauben, kein guter Zeichner zu sein; Ihr rechtes Gehirn braucht Übung. Je farbiger Sie die Bilder zeichnen, um so besser.

Zahl **Zahl-Form-Schlüsselbild**

1 

2 

3 

4 

5 

6 

7 

8 

9 

10 

Wenn Ihnen das alles zufriedenstellend gelungen ist, haben Sie in Ihrem Gedächtnis und Ihrer kreativen Phantasie ein System fest verankert, das Ihnen ein ganzes Leben lang verfügbar sein wird. Es kombiniert die Funktionen der rechten und der linken Gehirnhemisphäre.

Die Anwendung dieses Systems ist einfach und anregend. Es bezieht auch das andere wichtige Instrument des Erinnerns ein: Verknüpfung/Assoziation.

Sie haben zum Beispiel eine Liste mit zehn Gegenständen oder Begriffen, die Sie sich nicht einfach, wie im vorigen Kapitel, durch Verknüpfen einprägen wollen, an die Sie sich vielmehr sowohl in numerischer als auch in umgekehrter und in beliebiger Folge erinnern möchten. Mit dem Zahl-Form-System können Sie diese Aufgabe mühelos lösen. Testen Sie es selbst.

Angenommen, Sie wollen sich die folgende Liste merken:

1 Sinfonie
2 Gebet
3 Wassermelone
4 Vulkan
5 Motorrad
6 Sonnenschein
7 Apfelkuchen
8 Blüten
9 Raumschiff
10 Weizenfeld

Um sich diese Posten in beliebiger Folge zu merken, brauchen Sie sie nur mit dem passenden Erinnerungs-Schlüsselbild nach dem Zahl-Form-System zu verbinden. Wie beim Verknüpf-System und bei allen anderen Memoriertechniken sollten Sie immer die elementaren Prinzipien des Erinnerns beachten. Je stärker Sie Ihre Phantasie einsetzen, um so größer ist der Erfolg. Nehmen Sie sich nicht mehr als drei Minuten Zeit, um sich diese zehn Posten nach dem Zahl-Form-System einzuprägen, und tragen Sie dann die Antworten in die folgende Liste ein. Wenn Sie es sich zutrauen, beginnen Sie diese Übung sofort; wenn nicht, sollten Sie sich vielleicht die Beispiele auf Seite 57 noch einmal anschauen, bevor Sie den Test machen.

Tragen Sie neben die Zahlen sowohl Ihre Zahl-Form-Schlüsselwörter wie auch die Wörter, die Sie sich merken wollen, ein.

	Schlüsselwort	**Merkwort**
1	Dynamitstange	Symphonie
2	Schwan	Gebet
3	Po	Wassermelone
4	Klappstuhl	Vulkan
5	Kranhaken	Motorrad
6	Robin Hood	Sonnenaufgang
7	Spazierstock	Apfelkuchen
8	Maske	Blüten
9	Frauenbüste	Raumschiff
10	Liebespaar	Weizenfeld

Decken Sie vor dem Eintragen in die Test-Listen jeweils die bereits ausgefüllten Listen ab.

Tragen Sie nun in die linke Spalte der folgenden Liste die Assoziationswörter und in die rechte Spalte die Schlüsselbilder in der vorgegebenen Reihenfolge ein.

Test 1
Assoziationswörter

Liebespaar	10
Frauenkopf	9
Maske	8
Spazierstock	7
Robin Hood	6
Kranhaken	5
Klappstuhl	4
Po	3
Schwan	2
Stock	1

Test 2
Zahl-Form-Schlüsselbilder

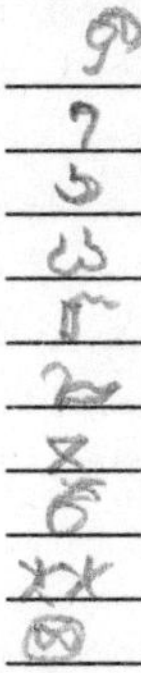

	9
	7
	5
	3
	1
	2
	4
	6
	10
	8

In die letzte Liste tragen Sie in der numerischen Folge die Merkwörter ein, die Sie behalten haben.

Test 3
Merkwörter

Symphonie	1
	2
Wassermelone	3
Vulkan	4
Motorrad	5
Sonnenaufgang	6
Apfelkuchen	7
Blüten	8
Raumschiff	9
Weizenfeld	10

Errechnete Punktzahl:

Gesamtpunktzahl: 29/30

SONNENSCHEIN
NICHT-AUFGANG!

Als Anleitung für diejenigen, die Schwierigkeiten mit dieser Übung haben sollten, gebe ich im folgenden Beispiele, wie man die zehn Merkwörter mit den Erinnerungs-Schlüsselbildern nach dem Zahl-Form-System verknüpfen kann.

1 Sinfonie. Hier könnten Sie sich einen Dirigenten vorstellen, der wild mit einem gigantischen Taktstock herumfuchtelt und dadurch einen Höllenlärm entfesselt, oder Sie könnten sich vorstellen, daß alle Geiger mit Strohhalmen auf ihren Instrumenten spielen. Welches Bild Sie auch wählen, denken Sie daran, die Basisprinzipien des Erinnerns anzuwenden.

2 Gebet ist ein abstraktes Wort. Man nimmt oft fälschlich an, daß abstrakte Wörter schwer zu merken seien. Die richtige Anwendung mnemonischer Techniken widerlegt diese Annahme eindeutig: Sie brauchen sich nur das abstrakte Wort in konkreter Form bildhaft zu veranschaulichen. Sie könnten sich zum Beispiel vorstellen, daß die Flügel von Schwan, Gans oder Ente hochgestellt sind wie zum Gebet erhobene Hände; oder eine Phantasie-Kirche, gedrängt voll mit Gänsen oder Enten, in der ein Schwan als Priester einen Gebetsgottesdienst hält.

3 Problemlos!

4 Sie könnten sich einen Vulkan im Ozean vorstellen, der plötzlich unter Ihrer Yacht ausbricht und Sie mit zischendem Dampf aus dem Wasser hebt; oder Sie stellen sich einen Miniaturvulkan vor, den jemand auf den Stuhl gelegt hat, auf den Sie sich gerade setzen wollen (Sie würden es sicherlich *fühlen*), oder auch einen Tisch von gewaltigen Ausmaßen, dessen schwere Platte den Vulkan blockiert.

5 Ein riesiger Haken wird vom Himmel herabgelassen und hebt Sie und Ihr Motorrad von der Straße ab, auf der Sie in scharfem Tempo fahren; oder Sie sind mit Ihrem Motorrad durch das Schaufenster einer Musikalienhandlung gekracht und haben ein Becken und eine Trommel zerbrochen; oder auf dem Motorrad sitzt rittlings eine schwangere Frau mit gewaltig vorgewölbtem Bauch.

6 Sonnenschein könnte den Rauch aus Ihrer Pfeife vergolden; oder Sie könnten den Golfschläger rhythmisch durch die Luft schwingen, und er verfängt sich in einem Sonnenstrahl, der ihn zur Sonne entführt; oder der Sonnenstrahl könnte wie ein Laserstrahl in eine Kirsche fahren, die vor Ihren Augen wie ein Ballon anschwillt; Sie beißen gierig hinein, und der Saft läuft über Ihr Kinn.

7 Sie steigen zu einer Klippe auf, die in Wirklichkeit ein riesiger Apfelkuchen ist; oder Ihre Angelschnur könnte statt eines Fisches einen durchweichten, klitschigen Apfelkuchen fangen; oder Ihr Bumerang schwirrt durch die Luft und landet auf dem Rückflug in einem Apfelkuchen, groß wie ein Berg, dessen köstlicher Duft plötzlich Ihre Nase kitzelt.

8 Der Schneemann könnte ganz mit herrlichen rosa Blüten übersät sein; Ihre Sanduhr zeigt die Zeit nicht durch Fallen von Sand an, sondern durch das Herabschweben von Millionen kleiner Blüten; oder eine Sexbombe schreitet mit aufreizenden Bewegungen durch endlose Obstgärten, in denen die Bäume in voller Blüte stehen.

9 Sie könnten sich ein Miniatur-Raumschiff vorstellen, das wie eine Kaulquappe aussieht; Sie könnten es sich noch winziger als einen Spermafaden vorstellen, der ein Ei befruchtet; oder Sie stellen sich vor, wie ein Raumschiff beim Verlassen der Erdatmosphäre eine riesige Flagge hißt.

10 Sie fühlen die Erschütterung in Ihrem Schläger, als er den Ball trifft, und Sie sehen, wie der Ball über endlose Felder von rhythmisch wogendem goldenen Weizen fliegt; oder Sie stellen sich Laurel und Hardy oder Pat oder Patachon vor, die mit Knüppeln aufeinander einhauen, während sie durch ein Weizenfeld trampeln.

Das sind natürlich nur Beispiele, die ich hier eingefügt habe, um Ihnen zu zeigen, wie man mit Übertreibung, Phantasie, Sinnlichkeit und kreativem Denken die wirksamsten Gedächtnisverbindungen schafft. Wie beim Verknüpf-System ist es sehr wichtig, daß Sie eigene Vorstellungen entwickeln. Ich empfehle Ihnen, mindestens einen Test durchzuführen, bevor Sie zum nächsten Kapitel weitergehen.

Eine der besten Methoden ist es, sich mit Hilfe von Angehörigen oder Freunden zu testen. Bitten Sie sie, eine Liste von irgendwelchen zehn konkreten Gegenständen oder abstrakten Begriffen aufzustellen und Ihnen diese Liste mit einer Pause von fünf bis zehn Sekunden nach jedem Wort vorzulesen. In dem Augenblick, wo man Ihnen ein Merkwort vorgelesen hat, bilden Sie möglichst groteske, bunte und übertriebene Assoziationen, projizieren diese Bilder auf den

»Schirm« Ihrer Augenlider und prägen sie so Ihrem Gedächtnis ein. Sie (und Ihre Mitspieler) werden überrascht sein, wie mühelos Sie sich diese Wörter merken und sie sogar in umgekehrter und beliebiger Folge wiederholen können.

Machen Sie sich keine Sorgen, daß Sie frühere Listen mit neuen durcheinanderbringen könnten. Wie ich schon am Anfang dieses Kapitels erwähnt habe, kann man dieses spezielle Anhänge-System mit der Funktion von Kleiderbügeln vergleichen – man entfernt einfach ein Kleidungsstück (eine Assoziation) und ersetzt es durch ein anderes.

Im nächsten Kapitel werde ich ein zweites Anhänge-System vorstellen, das ebenfalls auf den Zahlen 1 bis 10 basiert: das Zahl-Reim-System. Diese beiden Systeme können kombiniert werden und ermöglichen Ihnen dann, sich ebenso mühelos zwanzig wie mit jedem einzelnen System zehn Posten zu merken. In den daran anschließenden Kapiteln werden Sie dann kompliziertere Systeme kennenlernen, die Ihnen die Speicherung von Hunderten und Tausenden Einzelposten erlauben. Diese Systeme empfehlen sich für das Langzeitgedächtnis, für die Speicherung solcher Dinge, die Sie über einen längeren Zeitraum im Gedächtnis behalten wollen. Das Zahl-Form-System, das Sie gerade erlernt haben, und das Zahl-Reim-System, das Sie gleich kennenlernen werden, empfehlen sich für Zwecke des kurzzeitlichen Erinnerns – für solche Dinge, die Sie sich nur für ein paar Stunden merken wollen.

Nehmen Sie sich etwa einen Tag Zeit, um die Techniken zu üben, die Sie erlernt haben, bevor Sie zum nächsten Kapitel weitergehen.

7

Das Zahl-Reim-System

Sie werden erkennen, daß das Zahl-Reim-System besonders leicht zu erlernen ist, weil es demselben Prinzip folgt wie das Zahl-Form-System. Beide eignen sich zum Erinnern kurzer Listen von Dingen, die Sie nur für wenige Stunden im Gedächtnis speichern müssen. Und beide basieren auf den Zahlen 1 bis 10. Aber anstatt für die Erinnerungs-Schlüsselbilder die Form der Zahl zugrunde zu legen, erfinden Sie jetzt Erinnerungs-Schlüsselbilder für Wörter, die sich auf den Klang des Zahlworts reimen. So können Sie zum Beispiel für die Zahl 2 (zwo) das Reim-Schlüsselwort »Stroh« wählen. Die Bilder, die sich dafür anbieten, reichen vom Strohdach über den mit bunten Bändern geschmückten Strohhut bis zum kleinen Strohhalm zum Schlürfen eines Getränks oder zum Ausblasen von bunten Seifenkringeln.

Wie beim Verknüpf-System und beim Zahl-Form-System ist es auch hier sehr wichtig, die elementaren Prinzipien des Erinnerns anzuwenden, die Bilder also möglichst phantasievoll, bunt und sinnlich auszugestalten. Wie im vorigen Kapitel finden Sie anschließend eine Liste von 1 bis 10 mit einer Freizeile hinter jeder Zahl, in die Sie das Reim-Bildwort eintragen sollen, das nach Ihrer Meinung der beste Aufhänger für die jeweilige Zahl ist.

Inzwischen werden Ihre assoziativen und kreativen Fähigkeiten sich so weit verbessert haben, daß Sie nicht mehr zehn Minuten wie zuvor brauchen, sondern daß Ihnen sechs Minuten reichen, um Ihre Bild-Schlüsselwörter einzutragen.

Zahl	Zahl-Reim-Bildwort
1	WEIN
2	Klo
3	Blei
4	Bier
5	Pumpf
6	Hexe
7	Lieben
8	Kracht
9	Freun'
10	Sehen

Wie im vorigen Kapitel werde ich Ihnen einige Beispiele geben. Sehen Sie sich diese ebenso an wie Ihre eigenen bildhaften Reim-Schlüsselwörter; wählen Sie aus beiden Listen für jede Zahl das Wort aus, das Ihren Vorstellungen am besten entspricht.

1 Bein, Wein, Kain, Pein
2 (zwo) Stroh, Floh, Klo, Po
3 Brei, Blei, Mai, Hai
4 Tier, Bier, Gier, Zier
5 Lymphe, Nymphe
6 Klecks, Lex, Fex, Sex
7 Lieben, Grieben, stieben, schieben
8 Nacht, Macht, Pacht, Wacht
9 scheuen, heuen, Säuen, Leuen
10 Ren, Kren, Feen, Schlehen

Wenn Sie Ihr Reim-Schlüsselwort gewählt haben, zeichnen Sie in die anschließende Liste zu jeder Zahl Ihr Schlüsselbild ein.

Zahl **Zahl-Reim-Schlüsselbild**

1 

2 

3 

4 

5 

6 

7 

8 

9 

10 

Jetzt testen Sie sich. Schließen Sie die Augen, gehen Sie die Zahlen von 1 bis 10 durch und projizieren Sie auf Ihren »Lidschirm« ein klares und leuchtendes Abbild Ihres Reim-Schlüsselbildes für die jeweilige Zahl. Zunächst gehen Sie die Zahlen von 1 bis 10 in der normalen Folge, dann in umgekehrter Folge und schließlich in beliebiger Folge durch. Anschließend rufen Sie sich die Bilder vor Augen und verbinden die zugehörigen Zahlen mit ihnen. Wiederholen Sie jede dieser Übungen mehrmals, und beschleunigen Sie jeweils den Ablauf, bis es Ihnen mühelos gelingt, das Bild unmittelbar zu produzieren, sobald Sie an eine bestimmte Zahl denken. Fünf Minuten sollte die Mindestzeit sein, die Sie für diese Übung aufwenden.

Sie beherrschen nun das Zahl-Reim-System, und Sie sehen, daß seine Anwendung genau der des Zahl-Form-Systems entspricht.

Diese beiden Systeme erlauben Ihnen nicht nur, sich nach verschiedenen Methoden zehn Dinge zu merken, sie bieten Ihnen auch die Möglichkeit, sich zwanzig Gegenstände oder Begriffe einzuprägen, und zwar ebenfalls in numerischer, umgekehrter und beliebiger Folge. Sie brauchen nur eines dieser beiden Systeme für die Zahlen 1 bis 10, das andere für die Zahlen 11 bis 20 einzusetzen.

Sie werden sich erinnern, daß Ihnen in Kapitel 2 Testaufgaben gestellt wurden, bei denen Sie sich jeweils zwanzig Dinge merken sollten. Die erste dieser Testaufgaben wäre adäquat durch Anwendung des Verknüpf-Systems zu lösen gewesen, aber die zweite war schwieriger und erforderte die Benutzung irgendeiner Art von Anhänge-System.

Sie sollen jetzt mit Ihrer Kenntnis des Zahl-Form-Systems und des Zahl-Reim-Systems die schwierigere der beiden Testaufgaben zu lösen versuchen. Nehmen Sie sich etwa fünf Minuten Zeit, um sich die Liste einzuprägen, die hier noch einmal wiederholt wird. Wenn die fünf Minuten vorbei sind, lesen Sie die folgenden Test-Instruktionen, und tragen Sie dann die Antworten in die Test-Liste ein.

1 Atom
2 Baum
3 Stethoskop
4 Sofa
5 Allee
6 Ziegel
7 Windschutzscheibe
8 Honig
9 Bürste
10 Zahnpasta
11 Glitzern
12 Heizgerät
13 Eisenbahn
14 Feuerzeug
15 Warze
16 Stern
17 Frieden
18 Knopf
19 Kinderwagen
20 Pumpe

Test-Instruktionen

Im Anschluß an diese Instruktionen finden Sie eine Liste aus drei Kolonnen zu je zwanzig Zahlen: die erste in Normalfolge, die zweite in umgekehrter Folge, die dritte in beliebiger Folge. Tragen Sie neben jeder Zahl das entsprechende Merkwort ein, wobei Sie die bereits ausgefüllte(n) Liste(n) mit der Hand oder mit einem Blatt Papier abdecken. Wenn Sie diese Aufgaben erledigt haben, errechnen Sie Ihre Punktzahl aus möglichen 60 Punkten.

Testaufgabe

1	ATOM	20		11	GLITZERN
2	BAUM	19	KINDERWAGEN	15	WARZEN
3	STETHOSKOP	18	KNOPF	10	ZAHNPASTA
4	COUCH	17	FRIEDEN	3	STETHOSKOP
5	ALLEE	16	STERNE	17	FRIEDEN
6	ZIEGELST	15	WARZEN	20	PUMPE
7	WIND.-SCHEIBE	14	FEUERZEUG	4	SOFA
8	HONIG	13	EISENBAHN	9	BÜRSTE
9	BÜRSTE	12	HEIZUNG	5	WARZEN
10	ZAHNPASTA	11	GLITZERN	19	KINDERWAGEN
11	GLITZERN	10	ZAHNPASTA	8	HONIG
12	HEIZUNG	9	BÜRSTE	13	EISENBAHN
13	EISENBAHN	8	HONIG	1	ATOM
14	FEUERZEUG	7	W-SCHEIBE	18	KNOPF
15	WARZEN	6	ZIEGELSTEIN	7	W-SCHEIBE
16	STERNE	5	ALLEE	16	STERNEN
17	KINDERWAGEN	4	SOFA	6	ZIEGELSTEIN
18	KNOPF	3	STETHOSKOP	12	HEIZUNG
19		2	BAUM	2	BAUM
20		1	ATOM	14	FEUERZEUG

Punktzahl aus 60 Punkten: 56

Sie werden ziemlich sicher ein besseres Ergebnis erzielt haben als beim Originaltest, aber Sie werden doch feststellen, daß manche Assoziationen Ihnen noch Schwierigkeiten bereiten. Notieren Sie sich solche »schwachen« Assoziationen, und prüfen Sie die Gründe für ein eventuelles Versagen. Wahrscheinlich wird es sich um einen oder mehrere der folgenden Gründe handeln: nicht genügend Phantasie; zu wenig Übertreibung; nicht farbig genug; nicht genug Bewegung; schwache Bindeglieder; Mangel an Sinnlichkeit; Mangel an

Humor. Vertrauen Sie darauf, daß Sie mit mehr Übung diese Schwächen überwinden werden. Nutzen Sie in den beiden folgenden Tagen jede Möglichkeit zum Üben und Testen. Bitten Sie Freunde und Bekannte, eigene Listen aufzustellen und Sie damit zu testen.

Bei den ersten Versuchen werden Sie zweifellos einige Fehler machen, trotzdem wird Ihre Leistung aber weit über dem Durchschnitt liegen. Betrachten Sie Ihre Fehler und Irrtümer als willkommene Gelegenheiten, Schwachpunkte in Systematik und Anwendung zu erkennen und auszumerzen. Mit genügend Ausdauer werden Sie bald in der Lage sein, jede Liste, die man Ihnen gibt, ohne Zögern und ohne Angst vor Fehlern zu wiederholen. Sie werden keine Schwierigkeiten haben, diese Systeme anzuwenden - zu Ihrem Vergnügen, zur Unterhaltung, für praktische Zwecke und als allgemeine Gedächtnisübung.

Wenn Sie glauben, diese Methoden sicher zu beherrschen, dann sollten Sie sich ein fortlaufendes und ständig zu ergänzendes Verzeichnis der Bereiche Ihres Lebens anlegen, in denen diese - und die in den nächsten Kapiteln beschriebenen - Mnemoniksysteme angewendet werden können.

Im folgenden Kapitel werden Sie ein Basissystem kennenlernen, das die Meister der Mnemonik in der Antike, die Römer, entwickelt haben.

8

Das Raum-System

Die Römer waren sehr einfallsreiche Erfinder und versierte Praktiker mnemonischer Techniken. Besonders beliebt und recht leicht zu handhaben war und ist ihr Raum-System. Die Römer stellten sich ein imaginäres Haus mit Eingang und anschließendem großen Wohnraum vor und füllten diesen mit so vielen Gegenständen und Möbelstücken, wie sie für ihre mnemonischen Zwecke brauchten. Jeder dieser Gegenstände diente als Assoziationsbild, an das sie die Dinge »anhängten«, die sie sich merken wollten. Sie achteten sehr sorgfältig darauf, daß der Raum nicht wie ein imaginärer Trödlerladen aussah. Präzision und Ordnung (Attribute der linken Gehirnseite) sind für dieses System wesentlich. Ein Römer könnte zum Beispiel seinen imaginären Hauseingang mit zwei gigantischen Säulen an den Seiten der Haustür und einem geschnitzten Löwenkopf als Türklopfer ausgestattet haben. Wenn man den Wohnraum betritt, sieht man links vom Eingang eine erlesene griechische Statue, in deren Nähe ein Topf mit einer großen blühenden Pflanze steht. An der Rückwand des Raums befindet sich eine Liege, auf der das Fell eines Löwen ausgebreitet ist, den der Hausherr auf der Jagd erlegt hat, und vor der Liege steht ein großer Marmortisch mit Kelchgläsern, einer Weinkaraffe, Obstschalen und anderen Dingen.

Nehmen wir einmal an, unser Römer will sich daran erinnern, ein Paar Sandalen zu kaufen, sein Schwert zu schärfen, einen neuen Sklaven zu kaufen, nach seinen Weinstöcken zu sehen, seinen Helm zu polieren und mit seinem Kind zu sprechen. Er würde sich vielleicht vorstellen, daß der linke Pfeiler des Eingangs mit Hunderten von Sandalen behängt ist, von deren auf Hochglanz poliertem Leder ein angenehm herber Duft ausströmt; er würde sich vorstellen, wie er sein Schwert an dem rechten Pfeiler schärft (wobei das kratzende Geräusch seinen Ohren weh tut) und mit der Hand die Schneide auf ihre Schärfe prüft; seinen Sklaven würde er auf einem brüllenden Löwen hereinreiten sehen; an den Weinstock würde er sich durch die Vorstellung erinnern, daß die Statue ganz mit Weinreben umrankt ist, an denen köstlich duftende Trauben hängen, deren Anblick ihm das Wasser im Mund zusammenlaufen läßt; an den Helm könnte er sich erinnern, indem er ihn durch einen Blumentopf ersetzt. Und schließlich könnte er sich selbst auf der Liege sitzend vorstellen, den Arm um das Kind gelegt, mit dem er sprechen will. Das römische Raum-System hat den besonderen Vorzug, die linke und die rechte Gehirnhälfte gleichzeitig zu beanspruchen. Es eignet sich sehr gut für die Anwendung der Basisprinzipien des Erinnerns, denn es erfordert sowohl präzise Gliederung und Ordnung als auch viel Phantasie und den Einsatz aller Sinne. Der Reiz des Systems liegt darin, daß der Raum völlig imaginär ist, Sie können jedes Stück darin unterbringen, das Ihnen einfällt: Dinge, die alle Ihre Sinne ansprechen, Möbelstükke und Kunstgegenstände, die Sie immer schon besitzen wollten, Speisen, die Sie gern essen, und Schmuck, den Sie tragen möchten. Und wenn Sie sich vorstellen, die Gegenstände in Ihrem imaginären Raum seien Ihr Eigentum, dann werden Ihr Gedächtnis und Ihre kreative Intelligenz unbewußt nach Wegen zu suchen beginnen, wie Sie solche Gegenstände erwerben könnten, und das erhöht nicht nur den Wunsch, sondern möglicherweise auch die Wahrscheinlichkeit, sie eines Tages wirklich zu besitzen.

Das römische Raum-System setzt Ihrer Phantasie keine Grenzen, und es erlaubt Ihnen, sich je nach Bedarf beliebig viele Dinge einzuprägen. Die beiden folgenden Seiten sind für Ihre Aufzeichnungen vorgesehen. Auf der ersten Seite sollen Sie spontan Ihre Gedanken notieren, welche Dinge Sie in Ihrem Raum haben möchten und welche Maße und welches Design der Raum selbst haben sollte. Wenn Sie das getan haben, dann zeichnen Sie auf der zweiten Seite Ihren idealen Mnemonik-Raum, entweder als künstlerische Skizze oder als Architekturplan. Und zeichnen Sie mit genauer Benennung alle Gegenstände ein, mit denen Sie den Raum einrichten und schmücken wollen. Für viele Menschen ist dies das bevorzugte Memoriersystem geworden; sie zeichnen auf großen Bogen Papier Hunderte von Gegenständen in ihren imaginären Riesenraum ein. Sie selbst werden bald feststellen, ob auch Sie zu ihnen gehören.

Wenn Sie diese Aufgabe durchgeführt haben, unternehmen Sie ein paar »geistige Spaziergänge« durch Ihren Raum, wobei Sie sich genau die Anordnung, Position und Zahl der Einrichtungsgegenstände einprägen (linkes Gehirn) und ebenfalls mit allen Ihren Sinnen sich die Farben, Gerüche, Geräusche im Raum und die Geschmacksempfindungen beim Kosten und das Gefühl beim Anfassen der einzelnen Objekte vergegenwärtigen.

Wie die anderen Memoriersysteme sollten Sie auch das römische Raum-System sowohl allein als auch mit der Hilfe von Freunden üben, bis Sie die Technik völlig beherrschen.

Spontane Gedanken über Raum und Einrichtung

Der Mnemonik-Raum

9

Das Alphabet-System

Mit dem Alphabet-System möchte ich die Beschreibung der Anhänge-Systeme abschließen. Es ist in seinem Aufbau dem Zahl-Form-System und dem Zahl-Reim-System ähnlich, mit dem Unterschied, daß es statt Zahlen die 26 Buchstaben des Alphabets verwendet. Wie bei allen Memoriersystemen finden die elementaren Prinzipien des Erinnerns Anwendung. Die Regeln für den Aufbau des Alphabet-Systems sind einfach: Sie wählen ein bildhaftes Erinnerungs-Schlüsselwort, das mit dem Laut des jeweiligen Buchstabens beginnt und sich leicht merken läßt. Wenn Sie bei einem Buchstaben unter mehreren Wörtern auswählen können, nehmen Sie dasjenige, welches im Wörterbuch an erster Stelle steht. Es sollte möglichst nicht mehr als zwei Silben haben. Einsilbige Wörter haben Vorrang. Für den Buchstaben *L* könnte Ihnen zum Beispiel *Elle, Elke, Else, Elba* einfallen. Als erstes von ihnen würde im Wörterbuch *Elba* erscheinen. Da es nur zwei Silben hat, sollten Sie es wählen. Der Grund für diese Regel ist, daß Sie bei einem raschen geistigen »Durchblättern« des Alphabets leicht das richtige Schlüsselwort finden werden, wenn Sie es einmal vergessen haben sollten. In unserem Beispiel würden Sie unter *Ela* (kurzes e) kein passendes Wort finden, also zu *Elb* weitergehen und dabei auf Ihr Schlüsselwort *Elba* stoßen.

Eine andere Regel für den Aufbau des Alphabet-Systems besagt: Wenn der Laut eines Buchstabens ein Wort darstellt (den Buchstaben *T* zum Beispiel spricht man wie das Wort *Tee* aus, dann muß dieses Wort gewählt werden. In manchen Fällen kann man auch Initialen statt vollständiger Wörter verwenden – zum Beispiel *EG.*

In der folgenden Liste sind alle 26 Buchstaben des Alphabets aufgeführt. Tragen Sie unter Beachtung der Ihnen inzwischen vertrauten Regeln für den Aufbau eines Systems Ihre Merkwörter in die Liste ein.

Buchstabe	**Alphabet-Merkwort**
A	______
B	______
C	______
D	______
E	______
F	______
G	______
H	______
I	______
J	______
K	______
L	______
M	______
N	______
O	______
P	______
Q	______
R	______
S	______
T	______
U	______
V	______

W ______________________________

X ______________________________

Y ______________________________

Z ______________________________

Nachdem Sie nun spontan die Merkwörter eingetragen haben, die Ihnen in den Sinn gekommen sind, vergewissern Sie sich, daß diese Wörter alle mit dem *Laut* des Buchstabens beginnen und nicht etwa dem Buchstaben selbst. Zum Beispiel würden *Action, Bad, Casus, Dogge* und *Ecke* unkorrekt sein, weil sie nicht mit dem Laut des Buchstabens beginnen bzw. *Ecke* statt des langen E-Lauts einen kurzen Ä-Laut hat. Nach dieser Überprüfung vergleichen Sie nun Ihre eigenen Merkwörter mit der folgenden Liste von Vorschlägen, und wählen Sie aus beiden die Wörter aus, die Ihnen am einprägsamsten erscheinen.

A	Ahr	N	Ende
B	Beben	O	Ober
C	CD	P	Pedro
D	Debet	Q	Qumran
E	EG	R	Erbe
F	Effekt	S	Essig
G	Gen	T	Tee
H	Hahn	U	Uhr
I	Ida	V	VW
J	Jotwede	W	Weh
K	Kader	X	X-Beine
L	Elba	Y	YMCA
M	Emma	Z	Zettel

Treffen Sie nun Ihre Wahl, und zeichnen Sie die entsprechenden Wort-Bilder in die folgende Liste ein.

Buchstabe	Schlüsselwort-Bild
A	
B	
C	
D	
E	
F	
G	
H	
I	
J	

K

L

M

N

O

P

Q

R

S

T

U

V

W

X

Y

Z

Wenn Sie Ihre Zeichnungen beendet haben, dann üben und wiederholen Sie in derselben Weise wie bei den früher besprochenen Memoriersystemen, indem Sie sich die Wort-Bilder in normaler, umgekehrter und beliebiger Folge vor Augen führen. Testen Sie Ihre Fortschritte zunächst allein, dann mit Hilfe von Freunden.

Sie haben nun als Einführung in die Techniken der Mnemonik die Basissysteme - Verknüpf-System und Anhänge-Systeme - kennengelernt. Ich werde im folgenden Kapitel kurz eine Methode erläutern, mit der Sie die Reichweite dieser Systeme vergrößern können. Anschließend werde ich Sie dann in die komplizierteren, intellektuell anspruchsvolleren Systeme einführen, die Sie befähigen werden, sich an Daten, Witze, Vokabeln, Prüfungsstoff, Namen und Gesichter, Bücher, Träume und Listen mit Hunderten, ja Tausenden von konkreten und abstrakten Begriffen zu erinnern.

10

Kapazitätserweiterung der Basis-Memoriersysteme

Sie haben nun die fünf Basis-Memoriersysteme – Verknüpf-, Zahl-Form-, Zahl-Reim-, Raum- und Alphabet-System – kennengelernt. Jedes von ihnen kann sowohl unabhängig als auch in Verbindung mit einem anderen System angewendet werden. Außerdem können Sie ein oder zwei Systeme nach Ihrer Wahl als »ständige Gedächtnisbanken« aussondern, wenn Sie bestimmte Listen oder Aufstellungen über einen Zeitraum von einem Jahr oder länger abrufbereit zur Verfügung haben müssen.

Bevor wir jedoch zu den komplizierteren Systemen übergehen, will ich Ihnen eine einfache Methode vorstellen, mit der Sie die Kapazität der bisher erlernten Systeme augenblicklich verdoppeln können. Wenn Sie alle Möglichkeiten eines Systems ausgeschöpft haben, aber noch weitere Assoziationen hinzufügen möchten, dann beginnen Sie noch einmal von vorn. Sie bilden Ihre Assoziationswörter genau wie auch sonst, aber diesmal stellen Sie sich vor, sie wären in einem riesigen Eisblock eingeschlossen. Dieser einfache technische Trick wird die Assoziationsbilder, die Sie sich vorgestellt haben, drastisch verändern. Die Reichweite Ihres Systems wird sich verdoppeln, denn Sie können sowohl über die Originalliste selbst wie auch über die gleiche Liste in einem neuen Kontext verfügen.

Nehmen Sie zum Beispiel an, Ihr erstes Schlüsselwort im Zahl-Form-System sei *Telefonmast* gewesen. Sie würden sich dann diesen Telefonmast in einem riesigen Eisblock begraben oder aus seinen Ecken oder Seiten herausragend vorstellen. Wenn Ihr drittes Schlüsselwort nach dem Zahl-Reim-System *Blei* war, dann könnten Sie sich einen Bleiklumpen im Eisblock eingeschlossen vorstellen. Oder wenn Sie beim Alphabet-System für den Buchstaben E das Schlüsselwort *EG* gewählt haben, dann könnten Sie sich vorstellen, daß die Butterreserven der EG nicht in Kühlhäusern, sondern in riesigen Eisblöcken frisch gehalten werden.

Sie sind nun in der Lage, sich an willkürlich verknüpfte Dinge, an zwei Sätze zu je zehn Posten, an eine große Zahl von im Raum geordneten Gegenständen und an 26 alphabetisch geordnete Gegenstände oder Begriffe zu erinnern. Und Sie können deren Kapazität durch Anwendung der »Eisblock«-Methode jederzeit verdoppeln. Nachdem Sie dieses Stadium erreicht und Ihre geistige Flexibilität, Ihre Vorstellungskraft, Assoziationsfähigkeit, Sensualität und Kreativität wesentlich gesteigert haben, sind Sie nun so weit fortgeschritten, daß Sie auch das komplizierteste und umfassendste aller Systeme begreifen und meistern können: das Major-System. Ein System, das Ihnen die Möglichkeit geben wird, Memoriermethoden für jeden gewünschten Zweck zu schaffen.

11

Das Major-System

Das Major-System ist der Star aller mnemonischen Systeme. Es wurde vor mehr als 300 Jahren erfunden und ist seitdem ständig verbessert worden. Um die Mitte des 17. Jahrhunderts wurde es von Stanislas Mink von Wennsheim erstmals vorgestellt. Seinen Grundaufbau modifizierte im frühen 18. Jahrhundert der Engländer Dr. Richard Grey. Der Zweck dieses Systems war, ein Instrument für Gedächtniskünstler zu schaffen, mit dem diese die Begrenzungen der bisherigen Systeme durchbrechen konnten. Die Gedächtniskünstler wünschten sich ein System, das ihnen erlaubte, unbegrenzte Mengen von Gegenständen und Begriffen abrufbereit im Gedächtnis zu speichern. Außerdem sollte dieses System sie in die Lage versetzen, sich Zahlen und Daten zu merken und das gespeicherte Material auf hundert- und tausendfache Weise detailliert zu ordnen und zu gliedern.

Das Grundkonzept des Major-Systems besteht darin, die Zahlen von 0 bis 9 nach einem besonderen Code durch bestimmte Konsonanten oder Konsonantenverbindungen zu ersetzen und mit diesen Schlüsselwörter zu bilden.

Der Spezialcode des Major-Systems

0 = S, ß, z, weiches c
1 = d, t, th
2 = n
3 = m
4 = r
5 = l
6 = j, ch, sch, weiches g
7 = k, ck, hartes c, hartes g
8 = f, ph, v, w
9 = b, p

Über die Einteilung dieser Konsonanten (-verbindungen) bestimmt allein ihr Lautcharakter. Der Gebrauch von Wörtern mit abweichender Aussprache ist zu vermeiden (ch in Bach ist unzulässig, in Fuchs [Aussprache ks] nicht).

Vokale, Umlaute und Diphtonge sowie der Buchstabe h haben keine assoziative Funktion. Sie werden lediglich als »Füllsel« bei den zu bildenden Schlüsselwörtern benutzt.

Der Buchstabe y, der sowohl Konsonant wie Vokal sein kann, darf nicht in seiner Eigenschaft als Konsonant, sondern nur als Vokal benutzt werden. Die Konsonanten x und q sollen nicht verwendet werden, weil sie Doppellaute sind (x spricht man wie ks, qu spricht man wie kw). Um Irrtümer auszuschalten, sollte die Konsonantenverbindung tz nicht benutzt werden, da sie wie ein z gesprochen wird.

Doppelkonsonanten (z.B. in Ratte, Roggen) gelten als einfache Buchstaben. Treffen aber zwei gleiche Konsonanten, die verschiedenen Wörtern oder Wortteilen angehören, aufeinander (z.B. Reallohn, An-nahme, auf-fangen), zählt jeder der beiden als selbständiger Buchstabe.

Um Ihnen die Mühe zu ersparen, sich die Konsonantenfolge durch Auswendiglernen einzuprägen, gebe ich Ihnen ein paar einfache Gedächtnisstützen.

0 Der Buchstabe z (stimmhaftes s) ist der Anfangslaut von *Zero* (= Null). Den Endbuchstaben o kann man auch als Ziffer 0 lesen.
1 Die Buchstaben d und t haben einen Abstrich (Linie von oben nach unten).
2 Der Buchstabe n hat zwei Abstriche.
3 Der Buchstabe m hat drei Abstriche.
4 Der Buchstabe r ist der letzte Buchstabe des Wortes vier.
5 Der Großbuchstabe L ist das römische Zahlzeichen für 50. Man kann ihn sich auch als eine Hand (fünf Finger mit abgespreiztem Daumen) vorstellen.
6 Der Buchstabe j ist das Spiegelbild der Zahl 6.
7 Der Großbuchstabe K enthält zweimal die Zahl 7.
8 Der handschriftliche Buchstabe f hat zwei Schleifen, die zur Zahl 8 erweitert werden können.
9 Die Buchstaben b und p sind Spiegelbilder der Zahl 9.

Wie beim Zahl-Reim- und Zahl-Form-System müssen Sie bildhafte Schlüsselwörter finden, die unmittelbar und dauerhaft mit den darzustellenden Zahlen verknüpft werden können. Nehmen wir zum Beispiel die Zahl 1. Sie müssen ein Schlüsselwort finden, das anschaulich ist und nur einen der Konsonanten *d, t,* oder *th* und einen Vokallaut enthält. Beispiele wären *Tee, Tau* oder *Thai.* Wenn Sie sich an eines dieser Wörter, sagen wir *Tee*, erinnern, so würden Sie wissen, daß es nur die Zahl 1 darstellen kann, denn sein Konsonant steht für 1, und Vokale haben keine Assoziationsfunktion in diesem System.

Versuchen wir dasselbe mit einer anderen Zahl: 34. In diesem Fall wird die Zahl 3 durch den Buchstaben *m* und die Zahl 4 durch den Buchstaben *r* repräsentiert. Als Wortbeispiele fallen Ihnen auf Anhieb *Mauer, Meer, Mohr* und *Myrrhe* ein. Um das »beste« Merkwort für diese Zahl zu finden, benutzen Sie wieder die alphabetische Ordnung; sie hilft Ihnen bei der Wortwahl und bei der Erinnerung. Sie gehen folgendermaßen vor: Fest stehen die Konsonanten *m* und *r.* Für die Wahl der »Füllbuchstaben« gehen Sie der Reihe nach die Vokale *a (ä), e, i, o (ö) u (ü)* und anschließend die Diphtonge durch. Sie nehmen den ersten dieser Vokale, mit dem Sie ein passendes Merkwort bilden können. In diesem Fall würde das Merkwort für Sie wohl *Meer* sein.

Allerdings gäbe es auch passende Merkwörter mit dem ersten Vokal, dem *a*, zum Beispiel Mahr, Maar, Mähre. Aber Wörter, die Ihnen nicht so vertraut sind, daß Sie Ihnen auf Anhieb einfallen, spielen hierbei keine Rolle.

Der Vorteil bei der Anwendung dieses Systems der alphabetischen Ordnung liegt darin, daß Sie ein vergessenes Wort im Major-System aus den Basisinformationen rekonstruieren können: Sie brauchen nur die Konsonanten für die betreffende Zahl in der richtigen Folge hinzuschreiben und dann die Vokale nach der alphabetischen Ordnung einzufügen. Sobald Sie auf die richtige Kombination stoßen, wird Ihnen Ihr Schlüsselwort einfallen.

Zunächst aber sollen Sie versuchen, in die nachfolgende Liste für die Zahlen 10 bis 19 die zugehörigen Merkwörter einzutragen, die Sie nach dem System der alphabetischen Ordnung bilden. Für die Anfangsziffer »1« benutzen Sie bei dieser Übung immer den Konsonanten *d*.

Seien Sie unbesorgt, wenn Sie diese Übung etwas schwierig finden, denn gleich anschließend bringe ich eine vollständige Liste der Merkwörter für die Zahlen 1 bis 100. Akzeptieren Sie aber nicht einfach diese Liste. Prüfen Sie vielmehr jedes Wort sorgfältig, und ersetzen Sie alle Wörter, die Ihnen nicht anschaulich genug erscheinen oder für die Ihnen ein besseres Wort einfällt, durch Ihre eigene Alternative.

Einführungsübung für das Major-System

10 ______________________________

11 ______________________________

12 ______________________________

13 ______________________________

14 ______________________________

15 ______________________________

16 ______________________________

17 ______________________________

18 ______________________________

19 ______________________________

20 ______________________________

Major-System

1 Tee
2 Noah
3 Mai
4 Rah
5 Leu
6 Schah
7 Kuh
8 Fee
9 Po
10 Tasse
11 Tat
12 Tann
13 Damm
14 Teer
15 Tal
16 Tasche
17 Tag
18 Tief
19 Depp
20 Nase
21 Naht
22 Nana
23 Name
24 Narr
25 Nil
26 Nische
27 Nick
28 Navy
29 Nabe
30 Maß
31 Matt
32 Mann
33 Mama
34 Meer
35 Mal
36 Masche
37 Mac
38 Mafia
39 Mappe
40 Rasse
41 Ratte
42 Ren
43 Rahm
44 Rohr
45 Rille
46 Rache
47 Reck
48 Riff
49 Rabe
50 Lasso
51 Latte
52 Lahn
53 Lamm
54 Lehre
55 Lili
56 Lasche
57 Lack
58 Laffe
59 Lappe
60 Schiß
61 Schade
62 Schiene
63 Scham
64 Schar
65 Schal
66 Schach
67 Scheck
68 Schaf
69 Schabe
70 Kasse
71 Kate
72 Kanne
73 Kamm
74 Karo
75 Kehle
76 Koch
77 Gag
78 Kaff
79 Kap
80 Faß
81 Watt
82 Fan
83 Fama
84 Ware
85 Wall
86 Fisch
87 Waage
88 Waffe
89 Wabe
90 Baß
91 Bad
92 Bann
93 Baum
94 Bar
95 Ball
96 Bach
97 Backe
98 Beef
99 Baby
100 Dosis

Sie besitzen jetzt den Code und die Schlüssel zu einer Art Anhänge-System für die Zahlen 1 bis 100 – ein System, das in sich selbst die Strukturelemente seiner Memorierung enthält. Wie Sie gesehen haben, ist dieses System praktisch unbegrenzt. Es sollte Ihnen also, da Sie die Konsonanten für die Zahlen 0 bis 9 kennen, jetzt möglich sein, Schlüsselwörter nicht nur für die Zahlen von 1 bis 100, sondern ebenso für die Zahlen von 100 bis 1000 zu bilden. Natürlich könnte man das System praktisch unbegrenzt erweitern.

Auf den folgenden Seiten habe ich eine Liste von Schlüsselwörtern für die Zahlen 100 bis 1000 zusammengestellt. Die Bildung dieser Wörter ist teils ziemlich einfach, teils aber auch sehr schwierig. Letzteres gilt vor allem, wenn mehrere konsonantische Laute zusammentreffen, die seltener in unseren Wortbildungen vorkommen. Es ist daher manchmal nicht zu vermeiden, Doppelwörter zu verwenden (zum Beispiel *VW-Motor* für die Zahl *883*). Übrigens enthält dieses Merkwort außer den drei assoziativen Konsonanten *(v, w, m)* noch zwei weitere, die aber keine assoziative Funktion haben und ignoriert werden *(t* und *r)*. Es sind also immer nur die *drei ersten Konsonanten* eines Merkwortes zu beachten. In anderen Fällen ist es notwendig, Vokale (ohne assoziative Bedeutung) an den Anfang eines Merkwortes zu setzen. So wird zum Beispiel die Zahl *563 (l, ch, m)* durch das Wort Alchimie repräsentiert.

Natürlich können bei den dreistelligen Zahlen nur selten die Regeln für die alphabetische Ordnung der Vokale angewendet werden. Die Rekonstruktion dieser Merkwörter ist also, anders als bei den Zahlen 1 bis 100, nicht immer möglich. Es kann vielleicht eine Hilfe sein, eine Folge von Wörtern an ein besonders einprägsames Merkwort »anzuhängen«.

Wenn Sie Ihr Major-System über 100 ausweiten wollen, sollten Sie die Vorschlagsliste für die Zahlen 100 bis 1000 sorgfältig prüfen. Es wäre zweifellos unzweckmäßig, dies in einem Zug zu machen. Ich schlage vor, daß Sie sich jeden Tag 100 Merkwörter vornehmen, sie überprüfen, sich bildhaft vorstellen und einprägen. Sortieren Sie aber vorher solche Wörter aus, die Ihnen nicht zusagen oder nicht vertraut sind, und ersetzen Sie sie durch Wörter Ihrer Wahl. Jeder Mensch hat seine eigene Vorstellungswelt. Nutzen Sie dabei Ordnung und System ebenso wie Phantasie, Kreativität und alle Sinnesorgane. In der Liste haben Sie hinter jedem Schlüsselwort Platz zum Eintragen Ihrer eigenen Vorschläge.

Wenn Wörter abstrakt sind, sich auf Ideen oder Begriffe beziehen, bringen Sie sie auf eine konkretere Basis. Zum Beispiel sollte man das Schlüsselwort für die Zahl *400*, *Rezession*, nicht als vages Bild eines Konjunkturabschwungs sehen, sondern es könnte anschaulich gemacht werden etwa durch das Bild eines Blasebalgs, der im Wechsel aufgebläht und schlaff ist. Sie müssen immer versuchen, das Merkwort so anschaulich und bildhaft wie möglich zu machen. Denken Sie an die Regeln in Kapitel 5: Übertreibung, Bewegung, Absurdität, Farbe.

Wenn mehrere Wörter begrifflich ähnlich sind, ist es besonders wichtig, daß sich die Bilder deutlich unterscheiden. Sie werden übrigens feststellen, daß die Übungen zum Bilden und zum Erinnern der Schlüsselwörter des Major-Systems nicht nur deshalb nützlich sind, weil sie Sie befähigen, sich die erstaunliche Zahl von 1000 Gegenständen oder Begriffen (in normaler oder beliebiger Folge) einzuprägen, sondern auch, weil sie Ihre kreative Assoziationsfähigkeit allgemein stärken, die für das Erinnern von größter Bedeutung ist.

Sie sollten, wenn Sie sich Ihr Tagespensum von 100 Merkwörtern vornehmen, immer ein Wörterbuch zur Hand haben. Es wird Ihnen eine wertvolle Hilfe beim Zusammensetzen mancher schwierig zu bildender Schlüsselwörter sein. Dieses Suchen wird wesentlich zur Festigung der Erinnerung beitragen, und es wird Ihren Wortschatz allgemein verbessern.

Merkwörter für die Zahlen 100 bis 1000

100	Dosis	109	Thespis	118	Dativ
101	Taste	110	Titisee	119	Teddybär
102	Tessin	111	DDT	120	Tennis
103	Tasman	112	Titan	121	Tand
104	Dessert	113	Datum	122	Daumen
105	Dusel	114	Tatar	123	Dänemark
106	Disagio	115	Dattel	124	Tenor
107	Disco	116	Datscha	125	Tunnel
108	Theosoph	117	Dateikasten	126	Tanja

127 Dank
128 Denver
129 Tonband
130 Themse
131 Tomate
132 Dämon
133 Demimonde
134 Tamara
135 Tamile
136 Domschatz
137 Demagoge
138 Damwild
139 Tempo
140 Trasse
141 Torte
142 Tran
143 Tram
144 Trier
145 Drill
146 Dresche
147 Dreck
148 Traufe
149 Trab
150 Delos
151 Toilette
152 Teilung
153 Talmi
154 Talar
155 Dalila
156 Dolch
157 Delikt
158 Delphi
159 Tulpe
160 Digest
161 Docht
162 Technik
163 Tachometer
164 Taucher
165 Tischler
166 Tuchjacke
167 Tschako
168 Dachfirst
169 Tischbein
170 Degas
171 Takt
172 Dekan
173 Dogma
174 Tiger
175 Dackel
176 Dickschädel
177 Dogcart
178 Deckoffizier
179 Dakapo
180 Devise
181 David
182 Divan
183 Tiefmoor
184 Dover
185 Tafel
186 Taufschein
187 Defekt
188 Tiefflug
189 Tiefbau
190 Tippse
191 Debatte
192 Theben
193 Toppmast
194 Tiber
195 Doppel
196 Teppich
197 Tabak
198 Topf
199 Tubabläser
200 Onassis
201 Nest
202 Unsinn
203 Einsamkeit
204 Nassauer
205 Nessel
206 Nußschale
207 Nausikaa
208 Nieswurz
209 Ansbach
210 Notiz
211 Untat
212 Indien
213 Anatomie
214 Nadir
215 Nadel
216 Natascha
217 Antike
218 Endivie
219 Antipode
220 Ananas
221 Neuntöter
222 Ninon
223 Einnahme
224 Nenner
225 Neonlampe
226 Nannchen
227 Nanking
228 Ninive
229 Einnebelung
230 Nemesis
231 Nomade
232 Namen
233 In memoriam
234 Nummer
235 Anomalie
236 Ohnmacht
237 Unimog

238 Nymphe
239 Nimbus
240 Neurose
241 Narretei
242 Norne
243 Norm
244 Neuerer
245 Einerlei
246 Anrichte
247 Narkose
248 Nerv
249 Narbe
250 Anlaß
251 Inlett
252 Nylon
253 Nullmeridian
254 Anlernling
255 Einlullen
256 Ähnlichkeit
257 Nelke
258 Anlauf
259 Nilpferd
260 Anschiß
261 Nacht
262 Nachen
263 Naschmaul
264 Nachricht
265 Nachlaß
266 Nachschlag
267 Naschkatze
268 Nachfahre
269 Nachbar
270 Ungeist
271 Nackedei
272 Angina
273 Einkommen
274 Anker
275 Enkel
276 Hängeschloß
277 Inkognito
278 Einkauf
279 Angabe
280 Unwesen
281 Nevada
282 Anfang
283 Infamie
284 Einwurf
285 Unfall
286 Unwucht
287 Infekt
288 Hanffaser
289 Infobank
290 Einbuße
291 Neptun
292 Nippon
293 Einbaum
294 Nepper
295 Nabel
296 Nebbich
297 Einbeck
298 Anpfiff
299 Nabob
300 Moses
301 Mast
302 Maßnahme
303 Museum
304 Masern
305 Amsel
306 Massage
307 Maske
308 Massiv
309 Mispel
310 Midas
311 Matutin
312 Emden
313 Madam
314 Motor
315 Metall
316 Mädchen
317 Mitgift
318 Mittwoch
319 Mietpreis
320 Manesse
321 Mantel
322 Manon
323 Minimum
324 Manier
325 Manila
326 Manege
327 Manko
328 Manifest
329 Monopol
330 Mimose
331 Mammut
332 Mammon
333 Mamma mia
334 Memoiren
335 Memel
336 Mamachen
337 Mimikri
338 Memphis
339 Mumps
340 Mars
341 Myrte
342 Marine
343 Murmel
344 Maurer
345 Moral
346 Marsch
347 Mark
348 Morphium

349 Marabu	386 Maifisch	423 Arnim
350 Melasse	387 Umweg	424 Rainer
351 Mulde	388 Mofafahrer	425 Rheinland
352 Melone	389 Amphibie	426 Ranch
353 Malmö	390 Amboß	427 Renke
354 Maler	391 Moped	428 Rennfahrer
355 Maulheld	392 Meppen	429 Rennbahn
356 Milch	393 Maibaum	430 Ramses
357 Molke	394 Empore	431 Rumtopf
358 Malve	395 Ampel	432 Roman
359 Melba	396 Hambach	433 Raummeter
360 Moschus	397 Humbug	434 Römer
361 Macht	398 Ambivalenz	435 Rammler
362 Maschine	399 Umbauplan	436 Ramsch
363 Mischmasch	400 Rezession	437 Remake
364 Major	401 Reseda	438 Raumflug
365 Muschel	402 Rasen	439 Rampe
366 Umschicht	403 Rosmarin	440 Rohrstock
367 Muschkote	404 Reißer	441 Rarität
368 Mischwald	405 Rassel	442 Rührung
369 Mischpoke	406 Rausschmiß	443 Rohrammer
370 Magazin	407 Risiko	444 Reiherhorst
371 Magd	408 Reißfeder	445 Reherl
372 Magen	409 Raspel	446 Röhricht
373 Mickymaus	410 Radius	447 Rohrkolben
374 Imker	411 Radiator	448 Rauhreif
375 Makel	412 Redner	449 Ruhrpott
376 Megachip	413 Radium	450 Rolls
377 Makak	414 Radar	451 Relativ
378 Megaphon	415 Radler	452 Reling
379 Umgebung	416 Rettich	453 Rollmops
380 Mafioso	417 Rotkohl	454 Roller
381 Mufti	418 Reitweg	455 Reallohn
382 Umfang	419 Rotbarsch	456 Irrlicht
383 Movimento	420 Renz	457 Relikt
384 Amphore	421 Renate	458 Relief
385 Muffel	422 Rennen	459 Urlaub

460	Rochus	497	Rebekka	534	Lahmarsch
461	Recht	498	Rupfen	535	Lamelle
462	Rachen	499	Republik	536	Lämmchen
463	Archimedes	500	Elsaß	537	Lemgo
464	Herrscher	501	Lust	538	Lymphe
465	Rachel	502	Leasing	539	Lampe
466	Rauchschwalbe	503	Lyzeum	540	Lars
467	Rauschgift	504	Laser	541	Lord
468	Archiv	505	Liesel	542	Laurin
469	Arschbacke	506	Halsschmerzen	543	Lärm
470	Register	507	Lösegeld	544	Lehrer
471	Arktis	508	Luzifer	545	Lehrling
472	Orkan	509	Lissabon	546	Lerche
473	Regiment	510	Lotse	547	Largo
474	Rekord	511	Laudatio	548	Larve
475	Regal	512	Latein	549	Lorbeer
476	Rikscha	513	Leithammel	550	Illusion
477	Rokoko	514	Leiter	551	Lolita
478	Rohkaffee	515	Lettland	552	Lallen
479	Rugby	516	Lutscher	553	Liliom
480	Revisor	517	Lötkolben	554	Ölalarm
481	Urfehde	518	Leidwesen	555	Illoyal
482	Ravenna	519	Altbau	556	Alleluja
483	Rufmord	520	Lanze	557	Lilakleid
484	Referent	521	Land	558	Lilofee
485	Rüffel	522	Leinen	559	Liliput
486	Irrwisch	523	Lohnempfänger	560	Lachsalve
487	Raffke	524	Lenore	561	Licht
488	Rififi	525	Lineal	562	Leichnam
489	Raufbold	526	Lunch	563	Alchimie
490	Raps	527	Linke	564	Locher
491	Rabatt	528	Leinwand	565	Lächeln
492	Rubens	529	Leinpfad	566	Iljuschin
493	Raubmord	530	Limes	567	Lochkarte
494	Robert	531	Limit	568	Lechfeld
495	Rappel	532	Lamento	569	Laichplatz
496	Reibach	533	Alma mater	570	Lagos

571 Lektor
572 Lagune
573 Lackmus
574 Likör
575 Lackel
576 Lackschuh
577 Logik
578 Lockvogel
579 Al Capone
580 Elvis
581 Lift
582 Lavendel
583 Elfmeter
584 Läufer
585 Löffel
586 Laufschuh
587 Levkoje
588 Lauffeuer
589 Alphabet
590 Lapsus
591 Heilbutt
592 Leibniz
593 Lebemann
594 Leopard
595 Libclle
596 Halbschatten
597 Lobgesang
598 Leibwäsche
599 Liebhaber
600 Jesses
601 Just
602 Jason
603 Jasmin
604 Schusser
605 Scheusal
606 Schießscharte
607 Scheißkerl
608 Josef
609 Schauspiel
610 Hechtsuppe
611 Jodtinktur
612 Schatten
613 Scheidemünze
614 Schotter
615 Scheitel
616 Jiddisch
617 Judoka
618 Jutefaser
619 Jadebusen
620 Jeans
621 Schande
622 Chinin
623 Ascheneimer
624 Schoner
625 Schnalle
626 Chinchilla
627 Schinken
628 Schonfrist
629 Schienbein
630 Schmus
631 Schmied
632 Schmant
633 Schmu machen
634 Schmerz
635 Schemel
636 Schaumschläger
637 Jamaika
638 Schamfufe
639 Shampoo
640 Cheers
641 Charta
642 Schrein
643 Charme
644 Schererei
645 Charlie
646 Charge
647 Schurke
648 Sheriff
649 Schärpe
650 Jalousie
651 Schild
652 Schellen
653 Schalmei
654 Schüler
655 Schalholz
656 Schälchen
657 Schalk
658 Schilf
659 Schilpen
660 Schachspiel
661 Jacht
662 Jochen
663 Joachim
664 Schacher
665 Schaschlik
666 Cha-Cha-Cha
667 Jauchegrube
668 Jauchefaß
669 Jochbein
670 Jokus
671 Jackett
672 Schikane
673 Jokohama
674 Jaguar
675 Schakal
676 Jäckchen
677 Jogakurs
678 Scheckfälscher
679 Jakob
680 Schweiß
681 Schuft

682 Schwein
683 Schwamm
684 Chiffre
685 Scheffel
686 Schwäche
687 Schiwago
688 Schweif
689 Schwabe
690 Schubs
691 Schaubude
692 Japan
693 Schabmesser
694 Schober
695 Schablone
696 Schubbejack
697 Schubkarre
698 Schopf
699 Schiebebock
700 Kasus
701 Gast
702 Kasino
703 Cosima
704 Kaiser
705 Gazelle
706 Gesicht
707 Kasko
708 Kiesweg
709 Kaspar
710 Kataster
711 Kadett
712 Kattun
713 Kadmium
714 Gitarre
715 Kittel
716 Kitsch
717 Kodak
718 Kadaver
719 Cottbus
720 Gans
721 Kante
722 Kanon
723 Ökonom
724 Kenner
725 Kanal
726 Heckenschütze
727 Gong
728 Konvoi
729 Knappe
730 Gemse
731 Komet
732 Kimono
733 Agamemnon
734 Kamera
735 Kamel
736 Gamasche
737 Komik
738 Komfort
739 Camp
740 Kerze
741 Karte
742 Korn
743 Kram
744 Karriere
745 Karl
746 Krach
747 Krake
748 Karaffe
749 Korb
750 Klasse
751 Kälte
752 Clan
753 Klamm
754 Koller
755 Galilei
756 Kelch
757 Glocke
758 Kluft
759 Klappe
760 Geschoß
761 Kajüte
762 Kuchen
763 Kaschmir
764 Köcher
765 Kachel
766 Kochschinken
767 Kajak
768 Cash-flow
769 Kaschube
770 Keks
771 Kaktus
772 Kokon
773 Kaugummi
774 Kicker
775 Gockel
776 Kokoschka
777 Kuckuck
778 Kakophonie
779 Cockpit
780 Kaffeehaus
781 Kaftan
782 Gewinn
783 Kaufmann
784 Kaviar
785 Gefälle
786 Gefecht
787 Kafka
788 Kauffahrer
789 Kaffeebohne
790 Kappes
791 Kapitän
792 Kabine

793 Gebimmel
794 Kaper
795 Kabel
796 Käppchen
797 Kopeke
798 Kopf
799 Gepiepse
800 Fußspur
801 Fest
802 Fasan
803 Visum
804 Visier
805 Fossil
806 Visage
807 Wasgau
808 Vesuv
809 Vespa
810 Vitus
811 Videotext
812 Faden
813 Fatima
814 Vater
815 Wedel
816 Fetisch
817 Fotograf
818 Fettfleck
819 Football
820 Venus
821 Phantom
822 Wohnung
823 Phänomen
824 Wiener
825 Fanal
826 Wunsch
827 Fink
828 Fanfare
829 Wohnbau
830 Wams
831 Wehmut
832 Hoffmann
833 Fememord
834 Weimar
835 Familie
836 Aufmacher
837 Femgericht
838 Femme fatale
839 Vamp
840 Farce
841 Fahrt
842 Farn
843 Farm
844 Fahrer
845 Verlies
846 Frosch
847 Frack
848 Freifrau
849 Farbe
850 Falsett
851 Feld
852 Flanell
853 Flame
854 Flair
855 Walhalla
856 Flasche
857 Fliege
858 Walfisch
859 Falbe
860 Waschzuber
861 Wicht
862 Fasching
863 Fischmehl
864 Wischer
865 Wacholder
866 Fachschule
867 Waschküche
868 Fischfutter
869 Fachbuch
870 Fokus
871 Viktor
872 Weekend
873 Vakuum
874 Fakir
875 Fackel
876 Waagschale
877 Wegegeld
878 Wigwam
879 Vagabund
880 Vivisektion
881 Vivat
882 Fafnir
883 VW-Motor
884 Viehwirtschaft
885 Waffel
886 Wehwehchen
887 Viehwaggon
888 Fifavorstand
889 Viviparie
890 Fips
891 Aufbietung
892 Fabian
893 Webmuster
894 Fieber
895 Fabel
896 Weihbischof
897 Hofbäcker
898 FOB-Fracht
899 Webpelz
900 Basis
901 Bast
902 Besen
903 Bisam

904 Basar
905 Puzzle
906 Besuch
907 Baske
908 Passiv
909 Baseball
910 Batist
911 Appetit
912 Baden
913 Badminton
914 Butter
915 Bettler
916 Patsche
917 Pediküre
918 Pottwal
919 Betäubung
920 Penis
921 Band
922 Banane
923 Bannmeile
924 Banner
925 Paneel
926 Punsch
927 Bank
928 Bannwald
929 Pin-up
930 Bums
931 Pomade
932 Buhmann
933 Baummarder
934 Pommer
935 Bummel
936 Bäumchen
937 Pumuckl
938 Pamphlet
939 Pumpe
940 Brasse
941 Bart
942 Birne
943 Prahm
944 Barriere
945 Priel
946 Barsch
947 Birke
948 Brief
949 Berber
950 Blase
952 Blatt
952 Ballen
953 Palme
954 Boiler
955 Balalaika
956 Plüsch
957 Balken
958 Pulver
959 Pulp
960 Beschuß
961 Pacht
962 Büchner
963 Pyjama
964 Bojar
965 Büschel
966 Bauchschmerzen
967 Puschkin
968 Bischof
969 Buchbinder
970 Picasso
971 Pakt
972 Packen
973 Begum
974 Bäcker
975 Pokal
976 Bakschisch
977 Bugklappe
978 Bockwurst
979 Backbord
980 Bovist
981 Büfett
982 Pavian
983 Puffmais
984 Bauwerk
985 Büffel
986 Beffchen
987 Biwak
988 Pfeife
989 Piff paff
990 Pieps
991 Beiboot
992 Popanz
993 Piepmatz
994 Papier
995 Pipeline
996 Peep-Show
997 Popcorn
998 Bobfahrer
999 Pappbecher
1000 Süßsauer

Die Vervielfachungsmethode:

Von 1000 bis 10 000 in zehn leichten Schritten

Es ist möglich, mit zehn raschen Sprüngen Ihrer Phantasie ein Mnemoniksystem von 1000 Begriffen von der Basis 100 aus oder ein Mnemoniksystem von 10 000 Begriffen von der Basis 1000 aus aufzubauen. Sie benutzen dazu eine Methode, ähnlich der in Kapitel 10 erläuterten, das heißt, Sie umhüllen, bedecken oder färben einzelne Bereiche des Major-Systems mit verschiedenen Substanzen. Um beispielsweise die 100 Basiswörter nach dieser Verfielfachungsmethode auf 1000 zu erweitern, könnten Sie die verschiedenen Teilbereiche wie folgt differenzieren:

100– 199	in einem Block Eis eingeschlossen
200– 299	mit einer dicken Ölschicht bedeckt
300– 399	in Flammen
400– 499	leuchtend purpurn gefärbt
500– 599	mit Samt bekleidet
600– 699	völlig transparent
700– 799	nach Ihrem Lieblingsduft riechend
800– 899	mitten auf einer verkehrsreichen Straße plaziert
900–1000	in einer Wolke an einem sonst klaren, sonnigen Himmel treibend

Wie alle anderen Systeme sollten Sie das Major-System allein und mit Hilfe von Freunden üben. Sie werden wahrscheinlich schon bald feststellen, daß es Ihnen zunehmend leichter fällt, sich an den Inhalt eines Buches zu erinnern oder sich auf ein Examen vorzubereiten oder Vokabeln zu behalten und dergleichen mehr. Die Anwendungsmöglichkeiten für das Major-System sind fast ebenso unbegrenzt wie das System selbst. In den folgenden Kapiteln werden Sie erfahren, wie man es zur Memorierung von Spielkarten, vielstelligen Zahlen, Telefonnummern, Geschichtsdaten, Geburtsdaten, Gedenktagen und Examensstoff anwenden kann.

12

Wie man Spielkarten memoriert

Gedächtniskünstler und andere Mnemonikexperten verblüffen und amüsieren ihr Publikum oft mit ihrer Fähigkeit, sich komplette Kartensätze in der Reihenfolge zu merken, in der sie ihnen präsentiert wurden. Sie können sogar, wenn ihnen ein unvollständiges Päckchen in zufälliger Mischung hingeblättert wird, ohne Schwierigkeit die sechs oder sieben fehlenden Karten herunterrasseln. So außergewöhnlich uns diese Leistungen erscheinen, in Wirklichkeit sind sie gar nicht so schwierig und im allgemeinen ziemlich unkompliziert – wenn auch viele Leute argwöhnen, daß der Gedächtniskünstler Helfershelfer im Publikum versteckt hat oder mit gezinkten Karten und anderen Tricks arbeitet.

Das ganze Geheimnis der Kunst, sich an die Reihenfolge der Karten eines beliebig gemischten Spielpäckchens zu erinnern, besteht darin, jede Karte mit einem bildhaften Schlüsselwort nach dem Major-System zu assozieren. Um ein geeignetes Schlüsselwort für eine Karte zu bilden, braucht man lediglich den ersten Buchstaben des Wortes für die Farbenbezeichnung und den Zahlenwert der Karte zu kennen. Zum Beispiel werden alle Wörter für die Treffkarten mit T beginnen, für die Herzkarten mit H, für die Pikkarten mit P und für die Karokarten mit K. Der zweite Konsonant des Karten-Merkwortes wird durch den Zahlenwert der Karte bestimmt.

Nehmen wir als Beispiel die Pik 5. Sie wissen, daß das Schlüsselwort mit *P* beginnen muß, weil es sich um die Farbe Pik handelt. Und da der Zahlenwert der Karte 5 ist, muß der zweite Konsonant *l* sein: Sie werden mühelos das Schlüsselwort *Pol* für die Karte Pik 5 finden. Wenn Sie ein Schlüsselwort für Karo 3 bilden wollen, müssen Sie mit *K* für die Farbe Karo beginnen, und der zweite Konsonant muß *m* sein, das den Zahlenwert 3 ausdrückt. Sie fügen den ersten geeigneten Vokal ein, nämlich *a*, und erhalten das Schlüsselwort *Kamm*.

Es folgt jetzt eine Liste aller Spielkarten mit ihren Schlüsselwörtern. Einige der Variationen werde ich Ihnen dann erklären, wenn Sie sich ein wenig mit der Liste vertraut gemacht haben.

Treff		**Karo**	
T A	Tat	K A	Kate
T 2	Tanne	K 2	Kanne
T 3	Team	K 3	Kamm
T 4	Teer	K 4	Karre
T 5	Tal	K 5	Kiel
T 6	Tasche	K 6	Koch
T 7	Tag	K 7	Keck
T 8	Tief	K 8	Kaff
T 9	Tip	K 9	Kap
T 10	Tasse	K 10	Kasse
T B	Tatauto	K B	Kadett
T D	Titan	K D	Kattun
T K	Treff	K K	Karo

Herz		**Pik**	
H A	Hut	P A	Pate
H 2	Henne	P 2	Panne
H 3	Ham	P 3	Pam
H 4	Haar	P 4	Paar
H 5	Halle	P 5	Pol
H 6	Hasch	P 6	Page
H 7	Hacke	P 7	Pack
H 8	Hof	P 8	Puff
H 9	Habe	P 9	Pappe
H 10	Hase	P 10	Paß
H B	Hetiter	P B	Pietät
H D	Hutten	P D	Patina
H K	Herz	P K	Pik

Bei diesem System zählen As als 1, Bube als 11 und Dame als 12. Der König trägt den Namen der jeweiligen Farbe.

Wie merkt sich der Gedächtniskünstler die Spielkarten? Die Antwort ist ganz einfach: Sobald eine Karte ausgerufen bzw. hingeblättert wird, assoziiert er diese Karte mit der Zahl der Kartenfolge nach dem Major-System.

Wenn zum Beispiel als erste Karte Treff 10 ausgerufen wird, dann assoziieren Sie das Karten-Merkwort *Tasse* mit dem Schlüsselwort für die Zahl 1 im Major-System - *Tee.* Sie könnten sich etwa vorstellen, wie der heiße, aromatisch duftende Tee in Ihre Tasse gegossen wird oder wie Sie den köstlich duftenden, wohlschmeckenden Tee aus Ihrer Tasse schlürfen. Wenn die nächste ausgerufene Karte Herz As ist, so würden Sie das Merkwort für diese Karte - *Hut* - mit dem Schlüsselwort für die Zahl 2 im Major-System - *Noah* - assoziieren. Sie könnten sich Noah an Deck der Arche vorstellen, einen riesigen Hut auf dem Kopf, auf den wolkenbruchartiger Regen prasselt. Noah ist völlig durchnäßt und zittert vor Kälte. Die nächste Karte wäre Pik 4. Sie würden also das Wort für diese Karte - *Paar* - mit dem dritten Wort Ihres Major-Systems, *Mai*, assoziieren. Ein Bild ist nicht schwer zu finden, zum Beispiel ein verliebtes Paar, das an einem sonnigen Maientag zwischen Wiesen mit herrlich duftenden Maiglöckchen wandelt.

Wenn Sie so einen vollen Satz Karten memorieren, indem Sie die Zahlen des Major-Systems als Haken benutzen, an die Sie die zweiundfünfzig Karten hängen, dann beanspruchen Sie dabei sowohl die logische, analytische, numerische und ordnende Fähigkeit der linken Seite Ihres Gehirns als auch die phantasievolle, farbenfreudige, rhythmische und sensuelle der rechten Seite. Ich hoffe, diese Beispiele haben Ihnen gezeigt, wie leicht es ist, sich ein ganzes Päckchen Karten in jeder Ihnen präsentierten Reihenfolge einzuprägen. Es wird Ihre Freunde oder Bekannten stark beeindrucken, wenn Sie ihnen dieses Kunststück vorführen können.

Sie können Ihr Geschick, Karten zu memorieren, noch weiter ausbauen. Jemand liest Ihnen zum Beispiel die Namen aller Karten eines beliebig gemischten Päckchens vor, aus dem vorher sechs oder sieben Karten entfernt worden sind. Ohne langes Zögern können Sie diese Karten nennen. Es gibt zwei Wege, das zu erreichen. Der erste ist, eine dem Verknüpf-System ähnliche Technik anzuwenden. Sobald eine Karte ausgerufen wird, stellen Sie sich das bildhafte Merkwort für diese Karte innerhalb eines weiteren begrifflichen Rahmens, etwa des früher erwähnten Eisblocks, vor. Nachdem alle Karten präsentiert worden sind, lassen Sie vor Ihrem geistigen Auge die Bilder aller Merkwörter passieren, und Sie werden sofort wissen, welche dieser Wörter nicht mit dem erweiterten Begriff verknüpft sind. Als Treff Bube ausgerufen wurde, hatten Sie sich vielleicht ein flüchtendes Tatauto vorgestellt, das über einen riesigen Brocken Eis schleudert oder gegen ihn prallt. Sie würden dieses Bild wohl kaum vergessen, und wenn die Karte nicht ausgerufen worden wäre, hätten Sie sich sofort erinnert, daß Sie das Bild dieses Merkwortes nicht mit dem Begriff Eisblock verknüpft hatten.

Die andere Möglichkeit, dieses Ziel zu erreichen, besteht darin, das Bild des Merkwortes der ausgerufenen Karte in irgendeiner Weise zu verändern oder zu variieren. Wenn zum Beispiel Herz 7 ausgerufen würde, dessen Merkwort *Hacke* ist, so könnten Sie sich vorstellen, daß der Stiel der Hacke abbricht. Oder wenn Treff 2 ausgerufen würde, dessen Merkwort *Tanne* ist, dann könnten Sie sich diese Tanne als geschmückten Weihnachtsbaum vorstellen.

Die in diesem Kapitel beschriebenen Methoden bilden die Grundlage für das Memorieren von Karten. Aber ihre Anwendung beschränkt sich nicht auf die Vorführung von »Kartenkunststücken«; sie können auch eine wertvolle praktische Hilfe beim Kartenspielen sein. Denn wenn ein Spieler immer weiß, welche Karten gespielt worden sind und welche sich noch in den Händen der Mitspieler befinden, hat er einen großen Vorteil gegenüber denjenigen, die diese Kunst nicht beherrschen.

Natürlich brauchen Sie auch zum Erlernen dieser Techniken viel Übung. Aber dann wird Ihre Anwendung leicht und vergnüglich sein. Und ob Sie das Kartenspielen ernsthaft betreiben oder ob Sie zum Spaß spielen – Sie werden Ihr kreatives Erinnerungsvermögen üben und die Leistungsfähigkeit Ihres Gehirns steigern, wenn Sie die erlernten Techniken dabei nutzen.

13

Wie man sich vielstellige Zahlen merkt

Der Zahlentest in Kapitel 2 wird Ihnen wahrscheinlich besonders schwierig vorgekommen sein (bei IQ-Tests können die meisten Menschen sich keine Zahlen mit mehr als 7 oder 8 Stellen merken). Wenn einer Testgruppe aufgetragen wird, eine vielstellige Zahl, etwa 95862190377, zu memorieren, wird es eine Vielfalt von Reaktionen geben: Der eine versucht, während der Vorstellung der Zahl sich dauernd ihren Aufbau zu wiederholen, und bleibt schließlich im Prozeß des Wiederholens stecken. Der nächste versucht, die Zahl in zwei- oder dreistellige Gruppen zu unterteilen, und verhaspelt sich schließlich sowohl bei der Reihenfolge wie bei der Zusammensetzung. Ein anderer versucht, mathematische Beziehungen zwischen den einzelnen Ziffern herzustellen, und erleidet dabei unvermeidlich Schiffbruch. Oder jemand versucht, sich die Zahl bildhaft vorzustellen, und das Bild wird immer verschwommener, je größer die Zahl der Stellen wird.

Wenn Sie an Ihren eigenen Versuch mit dem Zahlentest in Kapitel 2 zurückdenken, werden Sie sich wahrscheinlich erinnern, daß sie eine der oben erwähnten Methoden oder eine Kombination aus ihnen versucht haben – ohne großen Erfolg. Auch bei dieser Aufgabe kann das Major-System eine große Hilfe sein. Das Memorieren vielstelliger Zahlen wird Ihnen nicht nur mühelos gelingen, es wird Ihnen auch Spaß machen. Statt das Major-System als Anhänge-System zum Memorieren von Listen mit 100 oder 1000 Posten anzuwenden, machen Sie sich jetzt seine Flexibilität zunutze. Sie beschränken sich auf den Basiscode und auf die Basis-Schlüsselwörter, die Sie für die

Zahlen von 1 bis 100 gebildet haben, und Sie benutzen eine Kombination aus diesen Schlüsselwörtern und dem Verknüpf-System zum Memorieren von vielstelligen Zahlen.

Nehmen wir zum Beispiel die am Anfang des Kapitels genannte Zahl 95862190377. Sie ist in Sequenz aus den folgenden Zweiergruppen gebildet, denen wir das zugehörige Schlüsselwort nach dem Major-System zuordnen (die letzte Gruppe besteht nur aus einer Ziffer):

95	Ball
86	Fisch
21	Naht
90	Baß
37	Mac
7	Kuh

Um sich diese elfstellige Zahl zu merken, brauchen Sie nur nach dem Verknüpf-System aus den einzelnen Wörtern eine einfache und phantasievolle kleine Geschichte zu knüpfen. Sie könnten sich zum Beispiel einen *Ball* in leuchtenden Regenbogenfarben vorstellen, der einem riesigen aus dem Fluß auftauchenden *Fisch* mit lautem Knall an den Kopf trifft. Dabei platzt eine *Naht* des Balls, und die Luft entweicht mit einem tiefen *Baß*-Ton. Der kleine *Mac*, der am Flußufer die *Kuh* seines Vaters hütet, beschaut traurig die Überreste seines schönen Balls.

Schließen Sie jetzt die Augen, und stellen Sie sich im Geiste den Ablauf der Geschichte noch einmal vor. Und dann rufen Sie sich die Schlüsselwörter ins Gedächtnis und verwandeln sie in die Zahlen zurück. Sie bekommen:

b	9	b	9
l	5	s	0
f	8	m	3
sch	6	c	7
n	2	k	7
t	1		

Damit haben Sie die Aufgabe, die Zahl 95862190377 zu rekonstruieren, erfüllt.

Es ist nicht notwendig, zur Memorierung vielstelliger Zahlen nur Zweiergruppen zu benutzen. Es ist genauso leicht, manchmal auch leichter, die Zahlen in Dreiergruppen zu gliedern. Versuchen Sie das einmal mit der Zahl 851429730584. Sie unterteilen die Zahl so:

851	Feld
429	Rennbahn
730	Gemse
584	Läufer

Um sich diese zwölfstellige Zahl zu merken, müssen Sie sich wieder aus den zugehörigen Schlüsselwörtern für die Dreiergruppen eine kleine Geschichte nach dem Verknüpf-System ausdenken. Auf einem brachliegenden *Feld* hat sich die Jugend eines Gebirgsdorfes eine *Rennbahn* angelegt. Bei einem Wettkampf springt plötzlich eine *Gemse* in die Bahn und bringt einen der *Läufer* zu Fall. – Nachdem Sie dieses Geschichtchen »geknüpft« haben, schließen Sie wieder die Augen und lassen im Geiste den kleinen Film noch einmal ablaufen. Dann rekapitulieren Sie die Schlüsselwörter und verwandeln sie in Zahlen zurück. Sie bekommen:

f	8
l	5
d	1
r	4
n	2
b	9
g	7
m	3
s	0
l	5
f	8
r	4

also 851429730584

Ein anderes System zum Einprägen vielstelliger Zahlen empfiehlt sich, wenn Sie die Schlüsselwörter des Major-Systems nicht abrufbereit im Gedächtnis gespeichert haben. Sie könnten dann mit dem Basiscode des Major-Systems improvisieren, indem Sie Wörter mit 4 Konsonanten aus der Zahl bilden, die Sie sich merken sollen. Eine sechzehnstellige Zahl – 1582907196147627 – könnten Sie in vier Vierergruppen zerlegen und daraus nach dem Basiscode des Major-Systems Schlüsselwörter mit vier Konsonanten bilden.

1582	Telefon
9071	Boskett
9614	Pächter
7627	Geschenk

Hier könnten Sie sich ein dekoratives *Telefon* vorstellen, das Sie, wütend über das ständige Läuten, aus dem Fenster in ein *Boskett* werfen, wo es den erbosten *Pächter* dieser gepflegten Anlage beinahe getroffen hätte. Um ihn zu versöhnen, machen Sie ihm das Telefon zum *Geschenk*. – Sie schließen wieder die Augen, stellen sich die Geschichte noch einmal vor und tragen dann die Konsonanten der Schlüsselwörter und die zugehörigen Zahlen in den anschließenden Freiraum ein.

Wenn Ihnen bei dieser Technik die Reihenfolge der Wörter Schwierigkeiten machen sollte, können Sie auch statt des Verknüpf-Systems entweder das Zahl-Form- oder das Zahl-Reim-System anwenden. Nehmen wir noch einmal die am Anfang des Kapitels aufgeführte Zahl 95862190377. Sie würden einfach *Ball* mit Ihrem Schlüsselbild für die Zahl 1 verbinden, *Fisch* mit Ihrem Schlüsselbild für die Zahl 2, *Naht* mit dem Schlüsselbild für die Zahl 3 und so fort.

Sie könnten auch das Alphabet-System oder das Raum-System benutzen, indem Sie die Schlüsselwörter für die einzelnen Zahlengruppen entweder alphabetisch ordnen oder in Ihrem fiktiven Raum plazieren. Sie sollten nun noch einmal den Zahlentest in Kapitel 2 aufschlagen und sich vergewissern, wie leicht Sie die dort gestellte Aufgabe mit den Methoden lösen können, die Sie jetzt kennengelernt haben.

Wenn Sie dieses Memoriersystem nach entsprechendem Training beherrschen, haben Sie nicht nur Ihr Gedächtnis und Ihre Kreativität weiter verbessert, sondern sogar Ihren Intelligenzquotienten erhöht. Bei der Messung des IQ wird auch die Fähigkeit, sich Zahlen zu merken, berücksichtigt. Sechs bis sieben Stellen sind das durchschnittliche Limit. Wer sich neun- oder mehrstellige Zahlen merken kann, erhält für diesen Teil des Tests eine Bewertung von 150 und mehr.

14

Wie man sich Telefonnummern merkt

Nur wenige von uns können sich an wichtige und häufiger gewählte Telefonnummern exakt erinnern, geschweige denn an solche, die wir nur gelegentlich brauchen. Auch wenn sie überzeugt sind, sich auf ihr Gedächtnis verlassen zu können, ganz sicher sind sie sich doch nicht, und so suchen sie vergebens nach dem Zettel, auf dem sie die Nummer notiert haben, und schauen schließlich im Telefonbuch nach.

Auch hier kann Ihnen das Major-System gute Dienste leisten. Wenn Sie sich eine Telefonnummer einprägen wollen, wenden Sie folgendes Verfahren an: Sie übersetzen jede Ziffer der Nummer in einen Buchstaben aus dem Basiscode des Major-Systems. Mit diesen Buchstaben (Konsonanten) bilden Sie einprägsame Wörter und Redewendungen, die eine »Rückverbindung« zur gesuchten Nummer und Person ermöglichen.

Erproben Sie diese Methode zum Beispiel anhand der zehn Telefonanschlüsse, deren Nummern Sie sich beim Test in Kapitel 2 merken sollten.

Telefonnummern

Ihr Reformhaus	787-5953
Ihr Tennispartner	640-7336
Ihr örtlicher Wetterdienst	691-0262
Ihr Zeitungshändler	242-9111
Ihr Blumenhändler	725-8397
Ihre Autowerkstatt	781-3702
Ihr Abonnement-Theater	869-9521
Ihre Lieblingsdiskothek	644-1616
Ihre Volkshochschule	457-8910
Ihr Lieblingsrestaurant	354-6350

Die folgenden Beispiele geben mögliche Lösungen für das Merken dieser zehn Telefonnummern.

Ihr Reformhaus: 787-5953. Dieser Nummer entsprechen nach dem Basiscode des Major-Systems die Konsonanten *g f k - l b l m*. Sie könnten daraus zum Beispiel die Redewendung bilden: *Gesunde frische Kost - alle Biofans lieben Müsli.* Der erste Konsonant jedes Wortes entspricht einer Ziffer dieser Telefonnummer. Aus der Folge dieser Wörter läßt sich die Nummer rekonstruieren.

Ihr Tennispartner: 640-7336. In Buchstaben übersetzt ergibt das *sch r s - k m m sch.* Hier könnte eine visuelle Erinnerungsphrase sein: *Scharfer Rückhand-Spieler - kann meisterhaft Matchbälle schlagen.*

Ihr örtlicher Wetterdienst: 691-0262. Das entspricht den Konsonanten *ch b t - s n sch n.* Wir bilden daraus die Wendung: *Ach bitte Sonne scheine.* In diesem Fall zählen wir nicht die Anfangskonsonanten der einzelnen Wörter; wir verdichten vielmehr den Satz, indem wir alle Konsonanten in den Übertragungsprozeß einbeziehen.

Ihr Zeitungshändler: 242-9111. Übersetzt in Konsonanten: *n r n - p t d t.* Daraus bilden Sie den Slogan: *Nachrichten, hier Nachrichten - up-to-date!* Hier wenden wir eine Mischung aus beiden Methoden an. Für den ersten Teil der Phrase gelten die Anfangskonsonanten der einzelnen Wörter; für den zweiten Teil benutzen wir die Verdichtungs-Technik.

Ihr Blumenhändler: 725-8397. In Buchstaben übersetzt: *g n l - f m b g.* Wir bilden daraus den Werbespot: *Gäste, Nachtschwärmer, Freunde machen Blumen-Geschenke.*

Ihre Autowerkstatt: 781-3702. In Buchstaben übersetzt: *k f t - m k s n.* Wir wenden wieder eine Mischung aus beiden Methoden an. Unser Werbespruch lautet: *Kauft mehr Kunden-Service ein.*

Ihr Abonnement-Theater: 869-9521. Übersetzt in Buchstaben: *v sch b - b l n t.* Wir bilden aus den Anfangskonsonanten der einzelnen Wörter den Satz: *Viele Schauspiel-Abonnements bieten Lustspiele und Tragödien.*

Ihre Lieblingsdiskothek: 644-1616. Das ergibt die Konsonanten: *sch r r - d j t sh.* Wir bilden daraus den Spruch: *Schallplatte, Radio, Recorder - Disk-Jockeys Ton-Shop.*

Ihre Volkshochschule: 457-8910. In Buchstaben übersetzt: *r l k - f b t z.* Das Institut wirbt mit dem Satz: *Hier laufend Kurse - Fremdsprachen, Basteln, Tanzen, Zeichnen.*

Ihr Lieblingsrestaurant: 354-6350. Wir übersetzen die Zahlen in die Konsonanten: *m l r - sch m l z.* Unsere Erinnerungsphrase lautet: *Mein Lieblings-Restaurant - schmackhafte Menüs lecker zubereitet.*

Die Beispiele, die wir hier angeführt haben, sind natürlich willkürlich ausgewählt. Sie sollen jetzt das beschriebene System auf die Telefonnummern anwenden, die zu behalten für Sie wichtig ist. In manchen Fällen wird Ihnen die Zahlenkombination erhebliche Schwierigkeiten bereiten, es kann sogar fast unmöglich sein, passende Redewendungen oder Wörter zu finden. Aber auch für solche Fälle gibt es ziemlich einfache Lösungen. Sie können zum Beispiel die Telefonnummer, die Sie sich merken wollen, in zwei- oder dreistellige Gruppen unterteilen und daraus mit dem Major-System Ihre Merkwörter bilden. Diese Wörter setzen Sie in Beziehung zu der Person, deren Telefonnummer Sie sich merken wollen. Wenn etwa die Telefonnummer eines Ihrer Freunde, der eine große Vorliebe für Wildbret hat, 491-4276 ist, dann nehmen Sie die Merkwörter des Major-Systems für 491 *(Rabatt)* 42 *(Ren)* und 76 *(Koch)*. Sie verknüpfen diese Merkwörter zu einem möglichst grotesken und übertriebenen Bild, das in Beziehung zur Vorliebe Ihres Freundes für Wildbret steht: Ein Wilddieb bietet Ihrem Freund mit erheblichem *Rabatt* auf den üblichen Preis ein erlegtes *Ren* zum Kauf an. Ihr Freund hat zwar Skrupel, aber die Begierde siegt. Er übergibt das Ren seinem *Koch* zur Zubereitung.

Sie kennen jetzt die Grundlage des Memoriersystems für Telefonnummern. Benutzen Sie diese nun, um sich die für Sie wichtigen Telefonnummern einzuprägen. Am Schluß dieses Kapitels finden Sie eine Liste, in die Sie die Namen und Telefonnummern von mindestens zehn Leuten oder Institutionen eintragen sollen, die Sie sich merken wollen. Bevor Sie zum nächsten Kapitel weitergehen, sollten Sie sich diese zehn Nummern fest eingeprägt haben. Denken Sie bei der Erarbeitung der Bilder daran, die Basisprinzipien des Erinnerns zu beachten; denn je phantasievoller und humorvoller Sie diese Übung durchführen, um so besser werden Sie sich an die Telefonnummern erinnern.

Meine zehn wichtigsten Telefonnummern

1 ____________________
2 ____________________
3 ____________________
4 ____________________
5 ____________________
6 ____________________
7 ____________________
8 ____________________
9 ____________________
10 ____________________

15

Wie man sich Zeitpläne und Termine einprägt

Vielen Menschen fällt es ebenso schwer, sich an Zeitpläne und Terminvereinbarungen zu erinnern wie an Telefonnummern. Sie versuchen auch, mit ähnlichen Verfahren diesem Problem beizukommen, und da bietet sich natürlich vor allem die Führung eines täglichen Terminbuchs an. Und ebenso natürlich ist es leider, das Büchlein nicht immer zur Hand zu haben. In diesem Kapitel stelle ich zwei Methoden vor. Die erste ist für den unmittelbaren täglichen Gebrauch bestimmt, die zweite zum Erinnern von Zeitplänen und Terminvereinbarungen für eine ganze Woche.

Für die erste Methode benutzen Sie die Basis-Anhänge-Systeme. Sie setzen einfach die Zahl in Ihrem System mit der Stunde der Terminvereinbarung gleich. Da der Tag 24 Stunden hat, können Sie entweder zwei kürzere Systeme miteinander verbinden oder die ersten 24 Anhänge-Wörter in einem der umfassenderen Systeme benutzen.

Nehmen wir an, Sie haben die folgenden Terminvereinbarungen:

7 Uhr	Gruppen-Frühsport
10 Uhr	Zahnarzt
13 Uhr	Mittagessen
18 Uhr	Vorstandssitzung
22 Uhr	Spielfilm

Bei Tagesbeginn, in diesem Fall wohl nicht vor 5 Uhr 30, gehen Sie die Liste durch und legen Merkwörter und Assoziationen fest.

Die Zeit für Ihren Gruppen-Frühsport ist 7 Uhr. Die Zahl 7 wird in Ihrem Major-System durch das Merkwort *Kuh* vertreten. Sie stellen sich vor, wie Ihr Team an einer Weide vorbeijoggt, von der eine wiederkäuende Kuh ihnen kopfschüttelnd nachschaut.

Um 10 Uhr *(Tasse)* haben Sie einen Termin beim Zahnarzt. Sie müssen etwas warten, und die Sprechstundenhilfe serviert Ihnen eine Tasse Tee oder Kaffee.

Ihre nächste Verabredung haben Sie um 13 Uhr zum Mittagessen. Das Schlüsselwort ist hier *Damm.* Sie stellen sich vor, daß Sie mit Ihren Gästen an einem Tisch Platz nehmen, der oben auf einem riesigen Damm steht. Sie blicken nach der einen Seite auf den klaren See, nach der anderen auf einen tosenden Wasserfall.

Um 18 Uhr haben Sie eine Vorstandssitzung. Das Merkwort des Major-Systems für 18 ist *Tief*, Sie denken daran, daß der Umsatz Ihrer Firma sich im Augenblick in einem Tief befindet und daß Sie mit den anderen Vorstandsmitgliedern Maßnahmen zur Verkaufsbelebung erörtern wollen.

Zum Abschluß des Tages haben Sie noch eine Verabredung um 22 Uhr für einen Spätfilm. Das Merkwort des Major-Systems für 22 ist *Nana.* Sie können sich also vorstellen, daß Sie mit einer Freundin namens Nana in den Film gehen. Oder Sie bilden sich ein, es würde der Film *Nana* nach dem Roman von Emile Zola gezeigt.

Sie können diese fünf Terminvereinbarungen leicht »ordnen«, indem Sie die Bilder, die Sie gerade entworfen haben, nach dem Verknüpf-System miteinander verbinden. Sie können aber auch einfach jedes der fünf Bilder in Ihr Zahl-Form- oder Zahl-Reim-System einfügen.

Die zweite Methode, sich Zeitplan und Verabredungen zu merken, läßt sich auf die Termine einer ganzen Woche anwenden. Nehmen Sie den Sonntag als Tag 1 der Woche und numerieren Sie entsprechend alle anderen Tage.

Sonntag	1
Montag	2
Dienstag	3
Mittwoch	4
Donnerstag	5
Freitag	6
Samstag	7

Die Stunden zählen Sie, wie bei der ersten Methode, von 0 bis 24.

Auf diese Weise erhalten Sie für jede Stunde jedes Wochentages eine zwei- oder dreistellige Zahl – die erste Stelle gibt den Tag an, die zweite (und gegebenenfalls die dritte) die Stunde. Sie brauchen dann nur noch die betreffende Zahl in das Merkwort des Major-Systems zu übersetzen und dieses in Beziehung zu der Terminvereinbarung zu setzen. Nehmen wir zum Beispiel an, Sie haben eine Verabredung für Dienstag 9 Uhr zur Besichtigung eines Wagens, den Sie zu kaufen wünschen. Dienstag wird durch die Zahl 3 gekennzeichnet, die nach dem Major-System dem Buchstaben *m* entspricht. Die Stunde 9 wird in die Buchstaben *b* oder *p* übersetzt. Nach Ihrer Basisliste ist das Schlüsselwort für Dienstag 9 Uhr *Mappe.* Um sich an diese Verabredung zu erinnern, stellen Sie sich vor, wie Sie den KFZ-Brief und die Kaufunterlagen nach Vertragsabschluß in Ihre Mappe legen.

Nehmen wir ein anderes Beispiel: Sie haben einen Termin für eine Gitarrenstunde am Donnerstag (Tag 5) um 14 Uhr. Die sich daraus ergebende Kennzahl ist 514, das Merkwort *Leiter.* Um dieses Wort in Beziehung zu der Art des Termins zu bringen, stellen Sie sich vor, wie Sie als Sologitarrist Leiter eines ganzen Orchesters sind. Lassen Sie Ihre Phantasie durch sensuelle Vorstellungen leiten, hören Sie die Klänge, fühlen Sie Ihre Gitarre, sehen Sie das Orchester und das Publikum.

Vielleicht kommt Ihnen eine solche Methode etwas kompliziert vor, weil sie eine gründliche Kenntnis der höheren Zahlen des Major-

Systems erfordert. Sie können diese Schwierigkeit aber leicht überwinden, indem Sie die Stunden so »rotieren« lassen, daß sie dem Rhythmus Ihres eigenen Tagesablaufs und den für Ihre persönlichen Termine üblichen Zeiten folgen. Wenn zum Beispiel Ihr Tag normalerweise nicht vor 10 Uhr beginnt, dann können Sie die Uhrzeit 10 durch die Zahl 1 ihres Memoriersystems kennzeichnen. Auf diese Weise werden die wichtigsten und mit Terminen besonders belasteten Stunden Ihres Tages fast immer durch zweistellige Zahlen repräsentiert, nämlich die Zahlen 10 bis 99 des Major-Systems. Nach derselben Methode wie Ihre Tagestermine und -verabredungen können Sie Ihre Wochenzeitpläne »ordnen«, indem Sie die Bilder in der Reihenfolge der Wochentage mit den Zahlen des Major-Systems verknüpfen. Aus Gründen der Zweckmäßigkeit beginnen Sie am besten damit, sich mit dem Tages-Memoriersystem vertraut zu machen, und gehen dann zu dem Wochen-Memoriersystem weiter.

16

Wie man den immerwährenden Kalender memoriert

Wenn Sie sich mit den in diesem Kapitel vorgestellten Verfahren vertraut gemacht haben, sind Sie in der Lage, den richtigen Wochentag für jedes Datum zwischen dem Jahre 1900 und dem Jahre 2000 zu errechnen.

Wir wenden hier zwei verschiedene Methoden an. Die erste ist sehr einfach und schnell, aber nur für ein vorher festgelegtes Jahr zu gebrauchen. Die zweite ist etwas schwieriger, umfaßt aber den ganzen Zeitraum von 100 Jahren. Beide Methoden gehen auf Harry Lorayne zurück, einen bekannten amerikanischen Gedächtnisforscher.

Beginnen wir mit der ersten Methode. Angenommen, Sie möchten den Wochentag für ein bestimmtes Datum des Jahres 1971 wissen. Um diese recht kompliziert erscheinende Aufgabe lösen zu können, ist nichts weiter erforderlich, als daß Sie sich die folgende Zahl merken:

377426415375

»Unmöglich«, werden Sie vielleicht sagen. Aber wenn ich Ihnen die Methode erklärt habe, werden Sie erkennen, daß das Verfahren ganz unkompliziert und einfach zu handhaben ist. Die einzelnen Ziffern der zwölfstelligen Zahl bezeichnen den ersten Sonntag in jedem Monat des Jahres 1971. Der erste Sonntag im April zum Beispiel fällt auf den vierten Tag des Monats, der erste Sonntag im Dezember auf den fünften Tag des Monats usw. Wenn Sie sich diese Zahl eingeprägt haben (sollten Sie damit Schwierigkeiten haben, lesen Sie das Kapitel über das Memorieren vielstelliger Zahlen nach), werden Sie bald den Wochentag für irgendein beliebiges Datum des Jahres 1971 errechnen können.

Lassen Sie mich das Verfahren anhand einiger Beispiele erklären. Nehmen wir einmal an, Ihr Geburtstag sei der 28. April und Sie möchten wissen, auf welchen Wochentag dieses Datum 1971 fiel. Die vierte Stelle der Memorierzahl zeigt Ihnen an, daß der erste Aprilsonntag auf den 4. fällt. Wenn Sie nun 7 zum Datum des ersten Sonntags addieren, dann wissen Sie, daß der zweite Sonntag auf den 11. fällt (4 + 7 = 11); der dritte Sonntag fällt also auf den 18. und der vierte Sonntag auf den 25. Sie zählen dann die restlichen Daten und Wochentage weiter, bis Sie zum gewünschten Datum kommen. Also 26. April = Montag, 27. April = Dienstag, 28. April = Mittwoch. Ihr Geburtstag fiel im Jahre 1971 auf einen Mittwoch.

Ein anderes Beispiel: Angenommen, Sie möchten wissen, auf welchen Wochentag Silvester 1971 fiel. Das Verfahren ist das gleiche. Sie wissen aus der Memorierzahl, daß der erste Sonntag des Dezember auf den 5. fällt. Wenn Sie dreimal die sieben hinzuzählen, kommen Sie auf Sonntag, den 26. Dezember. 26 + 5 = 31, also ist der 31. Dezember 5 Tage nach dem Sonntag - ein Freitag.

Wie Sie sehen, kann diese Methode auf jedes Jahr angewendet werden. Sie müssen allerdings vorher die Memorierzahl des betreffenden Jahres feststellen.

Ein Tip, wie Sie aus der Memorierzahl eines Jahres die Memorierzahlen der vorhergehenden oder folgenden Jahre entwickeln können: In jedem Jahr geht das Datum für den ersten Wochentag eines jeden Monats um eins zurück. Eine Ausnahme bilden die Schaltjahre, in denen man um zwei zurückgehen muß. In den Jahren 1969, 1970 und 1971 zum Beispiel fiel der erste Sonntag im Januar der Reihe nach auf den 5., 4. und 3. Tag des Monats.

Mit dem zweiten in diesem Kapitel vorgestellten Verfahren können Sie den Wochentag für jedes beliebige Datum von 1900 bis 2000 bestimmen. Bei dieser Methode muß jedem Monat eine Zahl zugeordnet werden, die immer gleich bleibt. Die Zahlen für die Monate sind folgende:

Januar	1	Juli	0
Februar	4	August	3
März	4	September	6
April	0	Oktober	1
Mai	2	November	4
Juni	5	Dezember	6

Manche Experten schlagen vor, sich diese Zahlen mit Hilfe von Assoziationen einzuprägen, etwa so: Der Januar ist der erste Monat, der vierte Buchstabe des Wortes Februar ist **r**, das 4 bedeutet, usw. Ich halte es für besser, sich die Schlüsselzahl 144025036146 durch Anwendung der Methoden für das Memorieren vielstelliger Zahlen zu merken.

Nicht nur die Monate, sondern auch die Jahre selbst haben Schlüsselzahlen, die ich für die Zeit von 1900 bis 2000 aufgelistet habe.

0	1	2	3	4	5	6
1900	1901	1902	1903	1909	1904	1905
1906	1907	1913	1908	1915	1910	1911
1917	1912	1919	1914	1920	1921	1916
1923	1918	1924	1925	1926	1927	1922
1928	1929	1930	1931	1937	1932	1933
1934	1935	1941	1936	1943	1938	1939
1945	1940	1947	1942	1948	1949	1944
1951	1946	1952	1953	1954	1955	1950
1956	1957	1958	1959	1965	1960	1961
1962	1963	1969	1964	1971	1966	1967
1973	1968	1975	1970	1976	1977	1972
1979	1974	1980	1981	1982	1983	1978
1984	1985	1986	1987	1993	1988	1989
1990	1991	1997	1992	1999	1994	1995
	1996		1998			2000

Dieses Verfahren ist etwas schwieriger zu handhaben, aber mit etwas Übung werden Sie es in den Griff bekommen. Die Methode ist folgende: Monat, numerisches Datum und Jahr sind gegeben. Sie addieren - mit diesen Vorgabezahlen - die Schlüsselzahl des Monats zur Zahl des Datums, dann addieren Sie diese Summe zur Schlüsselzahl des Jahres. Von dieser Summe subtrahieren Sie so oft die Zahl 7, bis die verbleibende Zahl 7 oder kleiner als 7 ist.

Mit ein paar Beispielen will ich dieses System erläutern. Wir suchen den Wochentag für den 19. März 1969. Unsere Schlüsselzahl für März ist 4, wir addieren Sie zum Datum 19; 19 + 4 = 23. Zu dieser Summe addieren wir die Schlüsselzahl des Jahres 1969, die nach unserer Liste 2 ist. Wir erhalten so 23 + 2 = 25. Wir ziehen von dieser Summe so oft 7 ab, bis wir zu der Zahl unter 7 oder zur Zahl 7 kommen: 25 – 7 = 18; 18 – 7 = 11; 11 – 7 = 4. Der gesuchte Wochentag ist folglich der 4. Tag der Woche, der Mittwoch. Nehmen wir nun ein anderes Datum, den 23. August 1972. Die Schlüsselzahl für August ist 3, addiert zu 23 ergibt 26. Die Schlüsselzahl für das Jahr 1972 ist 6. Die Gesamtsumme ist also 32. Wenn Sie davon viermal 7 subtrahieren, also 28, ergibt das die Zahl 4. Der vierte Wochentag ist Mittwoch: Der 23. August 1972 war ein Mittwoch.

Die einzige Ausnahme bei dieser Regel bilden die Schaltjahre, und auch dann nur für die Monate Januar und Februar. Die Rechnung bleibt völlig identisch, nur ist in diesen beiden Monaten der gesuchte Wochentag ein Tag früher als errechnet.

Wie bei den anderen Systemen ist Übung erforderlich, um sich mit der Methode vertraut zu machen. Ich schlage Ihnen vor, mit der leichteren zu beginnen und erst wenn Sie diese sicher beherrschen, sich mit der komplizierteren zu befassen.

17

Wie man sich wichtige historische Daten merkt

Mit den beiden Methoden, die ich im vorigen Kapitel erläutert habe, können Sie den Wochentag für ein beliebiges Datum in diesem Jahrhundert bestimmen. Das System, das ich als nächstes vorstelle, soll Ihnen helfen, sich wichtige geschichtliche Daten zu merken. In Kapitel 2 hatten Sie eine Testaufgabe mit zehn solchen Daten zu lösen. Es waren:

1	1666	Große Londoner Feuersbrunst
2	1770	Beethovens Geburtsjahr
3	1215	Unterzeichnung der Magna Charta
4	1917	Russische Revolution
5	1454	Erste Druckerpresse
6	1815	Schlacht bei Waterloo
7	1608	Erfindung des Fernrohrs
8	1905	Einsteins Relativitätstheorie
9	1789	Französische Revolution
10	1776	Amerikanische Unabhängigkeitserklärung

Die Methode, sich diese – oder irgendwelche anderen – Daten zu merken, ist einfach. Sie ähnelt der Memoriermethode für Telefonnummern. Sie müssen mit den Konsonanten, welche die Zahlen des betreffenden Datums vertreten, ein Wort oder eine Wortfolge bilden. In den meisten Fällen kann auf die Zahl für das Jahrtausend verzichtet werden, da dieses fast immer bekannt ist. Überprüfen wir das System an den zehn gegebenen Daten.

1 Die große Londoner Feuersbrunst legte die Stadt völlig in Asche. Unsere Merkphrase für das Jahr 1666 könnte also sein: *Asche, Asche, Asche.*

2 Beethovens bekannteste Werke sind seine Sinfonien. Man könnte für sein Geburtsjahr 1770 die Wortfolge wählen: *Ganz großartige Sinfonien.*

3 Mit der Unterzeichnung der Magna Charta im Jahre 1215 beginnt ein neues Zeitalter. Gut zu merken wäre zum Beispiel: *Neues Dokument - Liberalisierung.*

4 Die russische Oktoberrevolution von 1917 führte zum Sieg des Bolschewismus. Wir merken uns das Datum mit dem Satz: *Bolschewisten denken kommunistisch.*

5 Druckerpressen sind heute oft große Rotationsmaschinen. Wir erinnern uns an die erste Druckerpresse von 1454 mit der Phrase: *Rollen lassen rotieren.*

6 Die Schlacht von Waterloo 1815 war ein Triumph für Wellington, aber fatal für Napoleon. Ein einprägsames Merkwort: *Fatal.*

7 Die Erfindung des Fernrohrs durch Jan Lipperhey im Jahre 1608 könnte man sich durch den Satz merken: *Jan sah weiter.*

8 Einsteins Relativitätstheorie verdrängte 1905 den Anspruch des Absoluten. Merksatz: *Absolut ist altmodisch.*

9 Die Französische Revolution von 1789 wird zur Schreckensherrschaft. Merksatz: *Guillotine fordert Blutzoll.*

10 Die amerikanische Unabhängigkeitserklärung von 1776 wandte sich gegen die britische Kolonialherrschaft. Als Merksatz könnte dienen: *Koloniale Kraftprobe scheitert.*

18

Wie man sich an Geburtstage, Jubiläen sowie Tage und Monate historischer Daten erinnert

Das nächste System wird Ihnen keine Schwierigkeiten machen, denn es stützt sich auf die Methoden, die Sie bereits kennen. Gegenüber den meisten anderen Memorierverfahren hat es den Vorzug, daß man das Major-System als »Schlüssel« für die Monate und Tage benutzen kann (die meisten Methoden erfordern Codebezeichnungen für die Monate).

Bei diesem System werden den Monaten die Zahlen 1 bis 12 zugeordnet, die durch die entsprechenden Schlüsselwörter des Major-Systems vertreten werden.

Januar	Tee
Februar	Noah
März	Mai
April	Rah
Mai	Leu
Juni	Schah
Juli	Kuh
August	Fee
September	Po
Oktober	Tasse
November	Tat
Dezember	Tann

Wenn Sie sich einen Geburtstag, einen Jahrestag oder ein Geschichtsdatum einprägen wollen, müssen Sie eine bildhafte Verknüpfung zwischen den Merkwörtern für Monat und Tag und dem Ereignis herstellen, an das Sie sich erinnern wollen. Nehmen wir an, der Geburtstag Ihrer Freundin fällt auf den 1. November. Das Schlüsselwort für 1 ist *Tee.* Sie stellen sich vor, daß Ihre Freundin Ihnen nach vollbrachter Tat eine Riesenportion Tee serviert.

Sie möchten sich den Hochzeitstag Ihrer Eltern merken, der am 25. Februar ist. Das Schlüsselwort für Februar ist *Noah*, das Schlüsselwort für 25 ist *Nil.* Man könnte als Bild wählen, wie Noah mit seiner Arche den Nil entlangfährt, ohne es zu ahnen.

Geschichtsdaten sind ebenso leicht zu merken. Das Datum, an dem die Charta der Vereinten Nationen in Kraft trat, war der 24. Oktober. Das Schlüsselwort des Major-Systems für Oktober ist *Tasse*, das Schlüsselwort für 24 ist *Narr.* Mit einer Tasse Tee wird nur ein Narr einen Toast auf die Vereinten Nationen ausbringen.

Solche »Verknüpfungen« sind manchmal mühsam und wirken gestelzt oder lächerlich. Aber gerade das kann sie einprägsam machen. Scheuen Sie sich also nicht, Verknüpfungen herzustellen, die Ihnen »unmöglich« oder »idiotisch« vorkommen müssen.

Es gibt ein kleines Problem in diesem System, nämlich die Möglichkeit, daß Sie das Datum wissen, aber nicht rechtzeitig daran denken. Das können Sie vermeiden, indem Sie es sich zur Gewohnheit machen, regelmäßig Ihre Erinnerungs-Assoziationen für die nächste oder die beiden nächsten Wochen zu überprüfen. Die in diesem Kapitel beschriebene Methode kann übrigens vorteilhaft mit der vorher beschriebenen Methode zur Erinnerung an historische Jahreszahlen verbunden werden. Auf diese Weise erhalten Sie ein vollständiges Daten-Erinnerungssystem.

19

Wie man sich den Wortschatz einer Fremdsprache aneignet

Ein guter Wortschatz ist die wichtigste Voraussetzung für akademischen und wirtschaftlichen Erfolg. Diese Feststellung ist nicht so überraschend, wenn man sich klarmacht, daß die Größe des Wortschatzes gewöhnlich ein Gradmesser des Wissens ist. Da das Vokabular das Fundament einer Sprache bildet, ist es wünschenswert und notwendig, Methoden für ein leichteres Erlernen und Behalten von Vokabeln zu entwickeln. Eine gute Methode ist zum Beispiel, sich diejenigen Präfixe (Buchstaben, Silben oder Wörter, die dem Stammwort vorausgehen), Suffixe (Buchstaben, Silben oder Wörter, die dem Stammwort angehängt werden) und Stammwörter (Wörter, von denen andere Wörter abgeleitet werden) einzuprägen, die in der Sprache, die man erlernen will, am häufigsten vorkommen.

Hier einige Tips, wie Sie Ihren Wortschatz verbessern können:

1. Blättern Sie ein gutes Wörterbuch durch, und achten Sie dabei auf die verschiedenen Formen und Varianten, wie Präfixe, Suffixe und Stammwörter der betreffenden Sprache verwendet werden. Benützen Sie möglichst Assoziationen, um Ihre Erinnerung zu festigen.

2. Führen Sie jeden Tag eine bestimmte Zahl neuer Vokabeln in Ihren Wortschatz ein. Sie behalten neue Wörter nur, wenn Sie systematisch die in Kapitel 25 erläuterten Methoden des Wiederholens praktizieren. Gebrauchen Sie die neuen Vokabeln möglichst oft in verschiedenen Kontexten.

3. Halten Sie bewußt Ausschau nach neuen Wörtern dieser Fremdsprache. Das Ausrichten der Aufmerksamkeit, die geistige Bereitschaft, ist ein wichtiges linguistisches Hilfsmittel.

Das sind allgemeine Lernhilfen, die Ihr Gedächtnis beim Erlernen einer Sprache unterstützen sollen. Durch ihre Anwendung können Sie Ihren Wortschatz in der Muttersprache verbessern, und sie ist nützlich für das Erlernen einer Fremdsprache.

Nachdem wir die allgemeinen Grundlagen für das Erlernen von Vokabeln erörtert haben, wollen wir nun darauf eingehen, wie man sich konkret einzelne Wörter einprägt. Wie bei anderen Memoriersystemen ist auch hier das Schlüsselwort *Assoziation*. Es ist beim Erlernen einer Sprache wichtig, Laute, Bilder und Ähnlichkeiten zu assoziieren und sich die Tatsache zunutze zu machen, daß jede Sprache einer Sprachfamilie angehört, in der viele Wörter eine gewisse Verwandtschaft aufweisen.

Um Ihnen eine Vorstellung von der Assoziationsmethode zu geben, ein Beispiel: Zwei Wörter, die häufig verwechselt werden, sind *Akrophobie* (Höhenangst) und *Agoraphobie* (Platzangst). Die Unterscheidung dieser Wörter wird Ihnen leichtfallen, wenn Sie das *akro* von Akrophobie mit Akrobat (der in großer Höhe seine Kunststücke vorführt) assoziieren, und das *agora* von Agoraphobie mit Agrikultur verknüpfen, indem Sie sich weite Felder und Äcker vorstellen (das griechische Wort *agora* bedeutet natürlich etwas anderes, nämlich Marktplatz).

Wie ich kurz erwähnt habe, werden Fremdsprachen leichter zugänglich, wenn man weiß, daß sie Gruppen bilden. Praktisch alle europäischen Sprachen (mit Ausnahme der finnischen, ungarischen und baskischen) gehören zur indogermanischen Sprachgruppe. Folglich enthalten sie eine Anzahl von Wörtern, die in Lautbildung und Bedeutung ähnlich sind. Nehmen wir zum Beispiel das Wort *Vater*. Im Lateinischen heißt es *pater*, im Englischen *father*, im Französischen *père*, im Italienischen und Spanischen *padre*. Die Kenntnis der lateinischen Sprache ist eine große Hilfe für das Erlernen aller romanischen Sprachen. Das lateinische Wort für *Liebe* (englisch *love*) ist *amor*. Für jemanden, der zur Liebe geneigt oder in Liebe ist, sagt man, er ist *amourös* (englisch *amorous*). Ähnlich verhält es sich mit dem Wort *Gott* (englisch *God*). Vom lateinischen Wort *Deus* leiten sich die Wörter *deifizieren* (englisch *deify*) für vergöttlichen, und das englische *deity* für Gottheit ab.

Die Umgangssprache der römischen Legionäre hatte großen Einfluß auf die Bildung der französischen Sprache. Aus dem spätlateinischen *testa* (Hirnschale) entstand so das französische *tête* (Kopf); aus *brachium* (Arm) das französische *bras*. Etwa 50 Prozent der englischen Umgangssprache sind aus dem Lateinischen (und Griechischen) abgeleitet, entweder direkt oder über das normannische Französisch, auf das viele Ähnlichkeiten zwischen dem Französischen und Englischen zurückzuführen sind.

Abgesehen von den auf Sprachverwandtschaft basierenden Ähnlichkeiten sind, wie bereits erwähnt, Assoziationen eine große Hilfe beim Erlernen einer Fremdsprache. Die beiden folgenden Beispiele sind wieder der französischen und englischen Sprache entnommen. Das englische Wort für Buch ist *book*, das französische ist *livre*. Der Engländer wird sich das Wort *livre* leichter einprägen, wenn er es mit *library* (Bücherei) assoziiert. Im Englischen sagt man für die Schreibfeder *pen*, im Französischen *plume*. Auch im Englischen gibt es das Wort *plume*, es hat die Bedeutung Vogelfeder, vor allem eine große, dekorative, etwa eine Straußenfeder. Es stellt sich automatisch die Assoziation zum Federkiel ein, der vor der Erfindung der Stahlfeder benutzt wurde.

Soweit das Englische nicht vom Lateinischen, Griechischen und Französischen abgeleitet ist, ist es angelsächsischer Herkunft. Es gibt zahlreiche Wörter, die im Deutschen und Englischen gleich sind – will, Hand, Arm, Bank, Halt, Wolf usw.; andere sind eng verwandt – Licht *(light)*, Nacht *(night)*, Buch *(book)*, Stock *(stick)*, Schiff *(ship)* und Haus *(house)*.

Sprachen zu lernen, unsere eigene wie die anderer Völker, muß keine frustrierende und deprimierende Quälerei sein. Es geht hier einfach darum, die Information, die man sich einprägen will, so zu organisieren, daß das Gedächtnis in der Lage ist, bei jedem verfügbaren Stück Information »einzuhaken«.

Man überwindet die Scheu vor dem Unbekannten, der fremden Sprache, leichter, wenn man sich klarmacht, daß in den meisten Sprachen 50 Prozent jeder normalen Unterhaltung mit nur 100 Wörtern bestritten werden. Diese 100 Grundwörter, die sogenannten Strukturwörter, können Sie mühelos nach dem Major-System memorieren.

Wenn Sie die 100 Strukturwörter der deutschen, englischen, französischen, schwedischen oder sonstigen Sprache vergleichen, dann werden Sie feststellen, daß etwa 50 Prozent von ihnen beinahe übereinstimmen, mit nur geringen Variationen in Aussprache und Betonung der Wörter. Die folgende Gegenüberstellung der 100 Strukturwörter der deutschen und der englischen Sprache soll Ihnen das veranschaulichen.

Die 100 Strukturwörter, mit denen wir 50 Prozent der Unterhaltung bestreiten

	deutsch	**englisch**
1	aber	a, an
2	als	about
3	an, am	above
4	auf	across
5	aus	after
6	außer, außer daß	again
7	außerhalb	against
8	bei, beim	all
9	bevor	and
10	bezüglich, in bezug auf	any
11	bis	as
12	da	at
13	damit	before
14	daß	but
15	dein (e, er, s)	by
16	denn	can
17	der, die, das	to come (came, come)
18	der-/das-/diejenige(n)	to do (did, done)
19	dich	each
20	dies (e, er, es)	to find (found)
21	dir	first
22	du	for
23	durch	from
24	ehe	to get (got)

25	ein (e, er, s)	to go (went, gone)
26	entgegen	to have (had)
27	entlang	he, him, his
28	entsprechend	her, hers
29	entweder . . . oder	here
30	er, sie (Sie), es	how
31	euch	I
32	euer, eure(s)	if
33	falls	in
34	für	into
35	gegen	it, its
36	gemäß	to know (knew, known)
37	haben	like
38	hinter	me
39	ich	more
40	ihm, ihn	most
41	ihr (e, er, es), Ihr (e, er, es)	much
42	in, im, ins	my, mine
43	indem	new
44	infolge	no, not
45	innerhalb	now
46	längs	of
47	mein(e, er, s)	on
48	mich	one
49	mir	only
50	mit	or
51	nach	other
52	nachdem	our, ours
53	neben	out
54	nicht nur . . . sondern auch	over
55	ob	part
56	obwohl, obgleich	people
57	oder	place
58	ohne, ohne daß	same
59	quer durch/über	to see (saw, seen)
60	sei es . . . sei es	shall
61	sein (Verbum)	she

62 sein(e, er, s)
63 seit
64 seitens
65 sich
66 sobald
67 so daß
68 sollen
69 sondern
70 sonst
71 soweit
72 sowohl . . . als auch
73 statt, anstatt, statt daß
74 trotz
75 trotzdem
76 über
77 um
78 um so
79 um zu
80 und
81 uns
82 unser(e, er, s)
83 unter
84 von, vom
85 vor
86 während
87 was
88 weder . . noch
89 wegen
90 weil
91 welch(e, er, es)
92 wenn, wenn nicht
93 wer
94 werden
95 wider
96 wie
97 wir
98 wor-(auf, aus, in, über)

show (showed, shown)
so
some
state
still
such
to take (took, taken)
to tell (told)
than
that
the
their, theirs
them
then
there
these
they
thing
to think (thought)
this
through
time
to
under
up, upon
us
use
very
we
what
when
where
which
who
why
will
with

99	zu, zum, zur	work
100	zwischen	you, yours

Wenn Sie die Grundprinzipien des Erinnerns auf die Memorierung dieser und anderer Vokabeln anwenden und die Fähigkeiten Ihrer linken und rechten Gehirnseite gleichzeitig nutzen, dann werden Sie feststellen, daß das Erlernen einer Sprache eine so mühelose und erfreuliche Aufgabe ist, wie das die meisten Kinder empfinden. Kinder sind nicht sprachenbegabter als Erwachsene, aber sie sind aufgeschlossener, treten der Sprache unbefangener gegenüber und haben keine Angst, Fehler zu machen. Sie wiederholen und assoziieren, sie hören aufmerksam, kopieren und imitieren. Daher brauchen sie im allgemeinen weniger Instruktion, als wir Erwachsene für notwendig halten.

20

Wie man sich Namen und Gesichter merkt

Daß man sich an Namen und Gesichter zu erinnern weiß, ist im täglichen Leben von großer Wichtigkeit. Daß es so schwierig ist, eine Verbindung zwischen beiden Kategorien herzustellen, hat damit zu tun, daß in den meisten Fällen die Namen keine wirkliche Beziehung mehr zu den Gesichtern haben. In früheren Jahrhunderten war das nicht so. Das ganze System der Namensgebung gründete sich auf Gedächtnis und Assoziation. Der Mann, den man ständig mit Mehlstaub bedeckt sah, war Herr Bäcker; der Mann, den man im Garten arbeiten sah, war Herr Gärtner; und der Mann, der den ganzen Tag an der Esse stand und mit wuchtigen Hammerschlägen glühendes Eisen formte, war Herr Schmied. Als im Laufe der Generationen die Familiennamen sich mehr und mehr von der Berufsausübung lösten, wurde es immer schwieriger, sich Namen und Gesichter zu merken. Heute ist der Name ein Wort, das keine unmittelbare Assoziation mit dem Gesicht herstellt.

Es gibt zwei Methoden, wie man diese Schwierigkeit überwinden kann. Die eine ist, die Buzansche Etikette-Methode, die andere ist die Mnemonik-Methode.

Die Buzansche Etikette-Methode zum Erinnern von Namen und Gesichtern

Wenn Sie sich an diese Methode halten, wird es Ihnen nie wieder passieren, daß Sie etwa bei einer Gesellschaft mit fünf Leuten bekannt gemacht werden und deren Namen sofort wieder vergessen. Der alleinige Grund für dieses bedauerliche Versagen ist nämlich, daß Sie von vornherein überzeugt sind, sich die Namen nicht merken zu können, und sich deshalb gar nicht erst bemühen, sie sich einzuprägen.

Die Etikette-Methode verlangt nur zwei einfache Dinge von Ihnen: 1. Interesse an den Menschen, die Sie kennenlernen; 2. Höflichkeit.

Die Methode ist im Grunde nicht neu. Sie finden Sie in jedem Buch über gesellschaftliche Etikette beschrieben, aber selbst die Verfasser sind sich oft nicht darüber im klaren, daß der Sinn von gesellschaftlichen Regeln ursprünglich nicht war, starre Formvorschriften durchzusetzen, sondern die Menschen anzuleiten, auf freundschaftlicher Basis miteinander zu verkehren. Durch die Formulierung der Regeln sollten die Menschen die Möglichkeit erhalten, sich kennenzulernen und sich einander zu erinnern. Wählen Sie aus den folgenden Vorschlägen zur Verbesserung Ihres Personengedächtnisses diejenigen aus, die nach Ihrer Meinung für Sie am hilfreichsten sind.

Die Stufen der Etikette-Erinnerungsmethode

1. *Geistige Einstellung.* Bevor Sie in die Situation kommen, fremde Menschen kennenzulernen, sollten Sie sich geistig darauf einstellen, daß Sie sich an diese Leute wirklich erinnern wollen. Viele Menschen treten solchen Situationen mit dem inneren Vorbehalt gegenüber, daß sie ein schlechtes Gedächtnis für Namen und Gesichter haben, und sie sind folglich immer bemüht, sich die Richtigkeit dieser Hypothese zu beweisen. Wenn Sie »wissen«, daß Ihr Namensgedächtnis sich verbessern wird, dann werden Sie auch eine sofortige Verbesserung feststellen. Stellen Sie sich also auf eine Einladung, bei der Sie fremde Leute treffen, dadurch ein, daß Sie möglichst gelassen und entspannt zu sein versuchen, und nehmen Sie sich immer einige Minuten Zeit, sich innerlich vorzubereiten.

2. *Beobachten.* Wenn Sie mit jemandem bekannt gemacht werden, schauen Sie ihm offen und fest in die Augen, und sehen Sie nicht uninteressiert an ihm vorbei in die Ferne oder auf den Boden. Achten Sie auf die charakteristischen Merkmale seines Gesichts. Das wird auch für die Anwendung der mnemonischen Methode hilfreich

sein. Im nächsten Abschnitt werde ich die verschiedenen Gesichtsmerkmale und ihre Klassifizierung und Typisierung erläutern. Je besser Sie die Kunst des Beobachtens beherrschen, um so deutlicher werden Sie die Unterschiede zwischen den verschiedenen Gesichtern erkennen.

Wenn Sie Ihre Beobachtungsfähigkeit schärfen, verbessern Sie auch Ihr Gedächtnis: Interesselosigkeit verhindert wirkliches Sehen. Sie ist eine der Hauptursachen für ein schlechtes Gedächtnis.

3. *Zuhören.* Bewußt zuhören, möglichst genau auf den Klang des Namens der Person achten, mit der man Sie bekannt macht. Das ist die kritische Phase des Vorstellungsprozesses, bei der viele Leute einfach deshalb versagen, weil sie ihrem Gedächtnis nicht trauen und es deshalb für überflüssig halten, richtig zuzuhören.

4. *Um Wiederholung bitten.* Auch wenn Sie den Namen recht gut verstanden haben, bitten Sie höflich darum, ihn zu wiederholen. Wiederholung ist eine wichtige Gedächtnishilfe; jede Wiederholung dessen, was man sich einprägen will, erhöht die Wahrscheinlichkeit, daß man sich daran erinnert.

5. *Überprüfen Sie die Aussprache.* Stellen Sie sofort nach der Namensnennung fest, ob Sie die korrekte Aussprache haben, indem Sie Ihren Partner um Bestätigung bitten. Damit zeigen Sie Ihr Interesse, und die nochmalige Wiederholung stärkt Ihr Erinnerungsvermögen.

6. *Verifizieren Sie die Schreibweise.* Wenn Sie Zweifel über die Schreibweise des Namens haben, bitten Sie höflich, vielleicht auch mit einem Scherz, den Namen zu buchstabieren. Auch damit beweisen Sie Ihr Interesse, und Sie erhalten noch einmal eine zwanglose Wiederholung des Namens.

7. *Ihr neues Hobby – Etymologie.* Erklären Sie mit natürlich wirkendem Enthusiasmus, daß eines Ihrer neuen Hobbys Hintergrund und Herkunft von Namen ist, und fragen Sie die betreffende Person, ob sie etwas über die Geschichte ihres Familiennamens weiß. (Sie müssen natürlich über die Geschichte Ihres eigenen Namens sehr genau

Bescheid wissen!) Es wird Sie vielleicht überraschen, daß etwa 50 Prozent der Menschen nicht nur mindestens einen Teil des Hintergrundes der Nomenklatur ihrer Familie kennen, sondern daß die meisten von ihnen auch begeistert über dieses Thema diskutieren.

8. *Tauschen Sie Karten aus.* Bei den Japanern hat sich der Brauch, Karten auszutauschen, als wichtige gesellschaftliche Funktion allgemein durchgesetzt, da sie erkannt haben, wie nützlich das für die Erinnerung ist. Wenn Sie wirklich daran interessiert sind, sich die Namen der Menschen zu merken, mit denen Sie gesellschaftlich zusammentreffen, dann sorgen Sie dafür, daß Sie immer einige präsentable Karten für einen eventuellen Austausch zur Hand haben; meist wird man ihnen ebenfalls eine Karte geben oder Ihnen Namen und Adresse aufschreiben.

9. *Wiederholung in der Unterhaltung.* Eine wertvolle Gedächtnishilfe wird es sein, wenn Sie in einer Unterhaltung mit Leuten, die Sie eben erst kennengelernt haben, deren Namen möglichst häufig wiederholen. Sie zeigen damit zugleich Ihr Interesse und ihre Höflichkeit. Diese Wiederholungen helfen Ihnen, die Namen Ihrem Gedächtnis fester einzuprägen, und sie sind auch gesellschaftlich von Nutzen, denn sie beziehen die anderen Personen enger und vertraulicher in das Gespräch ein. Ihre Gesprächspartner werden es erfreulicher finden, wenn Sie sagen: »Wie Herr Maier gerade gesagt hat«, als wenn Sie sagen: »Wie dieser Herr dort [auf den Sie zeigen] gerade gesagt hat.«

10. *Wiederholen Sie für sich.* Sie sollten kurze Gesprächspausen dazu nutzen, interessiert und analysierend die Menschen zu beobachten, mit denen Sie sprechen oder von denen andere sprechen, und sich innerlich die Namen wiederholen - was Ihnen allmählich dann zur zweiten Natur wird.

11. *Nutzen Sie längere Pausen.* Wenn Sie aus irgendeinem Grund, zum Beispiel weil Sie für sich oder jemand anderen einen Drink holen, längere Zeit nicht am Gespräch teilnehmen, dann benutzen Sie die Pause dazu, sich alle Leute, die Sie kennengelernt haben, genau anzuschauen, sich ihre Namen und deren Schreibweise ins Gedächtnis zu rufen, sich an die Herkunft der Namen zu erinnern, sofern darüber gesprochen worden ist, und an alle interessanten Dinge, die Sie in der Unterhaltung über die einzelnen Leute erfahren haben. Auf diese Weise werden Sie für jeden Namen Assoziationen finden und sich ein geistiges Bild von jedem dieser Menschen machen, das für Ihr Erinnerungsvermögen von großem Wert ist.

12. *Wiederholung beim Verabschieden.* Wenn Sie sich verabschieden, sprechen Sie jede Person mit ihrem Namen an. Sie haben bis zu diesem Zeitpunkt bereits die durch Vorrang und Neuheit herausgehobenen Zeitaspekte des Erinnerns genutzt und konsolidieren jetzt nach dem Anfangspunkt auch den Endpunkt der »Lernperiode«. Wir werden in Kapitel 25 ausführlicher darüber sprechen.

13. *Revisionen:*

a. *Geistig.* Wenn Sie die Gesellschaft verlassen haben, lassen Sie kurz vor Ihrem geistigen Auge die Namen und Gesichter derjenigen vorbeiziehen, die Sie eben kennengelernt haben.
b. *Photos.* Beschaffen Sie sich wenn möglich Photos von jedem gesellschaftlichen Ereignis, an dem Sie teilgenommen haben (entweder die offiziellen oder private).
c. *Tagebuch.* Wenn Sie daran interessiert sind, Ihr Personengedächtnis zu vervollkommnen, dann sollten Sie ein besonderes Tagebuch führen, in das Sie jeweils eine Skizze der Gesichter mit einer Mind Map (siehe Kapitel 23) der zugehörigen Namen und aller anderen Schlüsselinformationen über die betreffenden Personen eintragen.
d. *Personenkartei.* Führen Sie eine Personenkartei, und notieren Sie auf jedem Karteiblatt Zeit, Ort und Datum, an dem Sie die betreffende Person getroffen haben.

14. *Das Umkehr-Prinzip.* Wo immer möglich, kehren Sie alle diese Prozesse, die wir erläutert haben, um. Wenn Sie zum Beispiel vorgestellt werden, wiederholen Sie Ihren eigenen Namen, buchstabieren ihn wenn nötig und geben, wenn sich ein Anlaß bietet, auch Auskunft über seine Herkunft. Wo es angebracht erscheint, überreichen

Sie Ihre Visitenkarte. Wenn Sie sich im Gespräch über sich selbst äußern, wiederholen Sie Ihren Namen. Das wird Ihren Gesprächspartnern helfen, sich an Sie zu erinnern, und es wird sie auch ermutigen, Ihrem Beispiel zu folgen. Auf diese Weise tragen Sie dazu bei, die Unterhaltung persönlicher, unbefangener und freundschaftlicher zu gestalten. Und man wird auch Ihre Höflichkeit zu schätzen wissen.

15. *Nehmen Sie sich Zeit.* Die Situation des Bekanntmachens empfinden manche Leute als unangenehm; sie bemühen sich daher, sie schnell hinter sich zu bringen. Wer auf gesellschaftliche Etikette Wert legt, nimmt sich dazu Zeit, und er ist bestrebt, jedem, den er kennenlernt, etwas Persönliches zu sagen, wenn sich das auch natürlich meist auf eine freundschaftliche Floskel beschränken wird. Die englische Königin gibt hierzu ein gutes Beispiel.

16. *Machen Sie ein Spiel daraus.* Wenn Sie das Erinnern an Namen und Gesichter engagiert und mit Freude betreiben, wird die rechte Seite Ihres Gehirns viel freier und offener sein, die imaginativen Assoziationen und Verbindungen herzustellen, die für ein gutes Gedächtnis erforderlich sind. Kinder haben ein »besseres Gedächtnis« für Namen und Gesichter als Erwachsene, nicht weil ihr Erinnerungsvermögen an sich besser ist, sondern einfach deshalb, weil sie alle in diesem Buch erläuterten Prinzipien selbstverständlich und natürlich anwenden.

17. *Das Plus-Eins-Prinzip.* Wenn Sie normalerweise zwischen zwei und fünf von dreißig Personen in Erinnerung behalten, die Sie bei einer Party kennenlernen (das ist die durchschnittliche Quote), sollten Sie sich das Ziel setzen, sich jedesmal an eine Person mehr zu erinnern. Damit stärken Sie Ihr Erfolgsbewußtsein, ohne den sinnlosen Streß auf sich zu nehmen, gleich beim erstenmal perfekt sein zu wollen. Wenden Sie das Plus-Eins-Prinzip in jeder neuen Situation an, und Ihr Erfolg in der Memorierung von Namen und Gesichtern ist garantiert.

Charakteristische Merkmale von Kopf und Gesicht

1. Kopf. Einem Menschen, mit dem man Sie bekannt macht, stehen Sie gewöhnlich von Angesicht zu Angesicht gegenüber. Bevor wir uns daher mit einer Analyse der einzelnen Merkmale befassen, wollen wir den Kopf als Ganzes betrachten. Sehen Sie sich die allgemeine Form der Knochenstruktur an. Sie werden feststellen, daß diese a) quadratisch; b) rechteckig; c) rund; d) oval; e) dreieckig mit der Schädeldecke als Basis und dem Kinn als Spitze; f) dreieckig mit der Kinnpartie als Basis und der Schädeldecke als Spitze; g) breit; h) schmal; i) grobknochig oder j) feinknochig sein kann.

Wenn Sie dann Gelegenheit haben, dieselben Köpfe von der Seite zu sehen, werden Sie überrascht sein, wie verschieden die Kopfforme auch aus dieser Sicht sind: a) quadratisch; b) rechteckig; c) oval; d) breit; e) schmal; f) rund; g) flache Frontpartie; h) flache Schädeldecke; i) flacher Hinterkopf; j) gewölbter Hinterkopf; k) kantiges Gesicht mit vorspringendem Kinn und fliehender Stirn; l) kantiges Gesicht mit fliehendem Kinn und vorspringender Stirn.

2. Haar. In früheren Zeiten, als Haartrachten beständiger und dauerhafter zu sein pflegten, bot das Haar noch bessere Anhaltspunkte für das Gedächtnis als heute, wo Färben, Tönen, das wechselnde Tragen verschiedener Perücken und zahllose Varianten von Frisuren die Identifizierung nach diesen Merkmalen erheblich komplizieren. Einige der wesentlichen Merkmale des Haares jedoch können wie folgt beschrieben werden: Männer: a) dick; b) fein; c) wellig; d) glatt; e) gescheitelt; f) spärlich; g) kahl; h) kurzgeschoren; i) mittellang; j) lang; k) kraus; l) Farbe (nur wenn auffallend).
Frauen: a) dick; b) dünn oder c) fein. Wegen der sehr variablen Frisuren der Frauen sind Klassifizierungen nach diesen Merkmalen kaum möglich.

3. Stirn. Man kann Stirnen nach folgenden Kategorien einteilen: a) hoch; b) weit; c) schmal zwischen Haaransatz und Augenbrauen; d) schmal von Schläfe zu Schläfe; e) glatt; f) horizontal gefurcht; g) vertikal gefurcht.

4. Augenbrauen. a) dick (dicht); b) dünn; c) lang; d) kurz; e) an der Nasenwurzel zusammenstoßend; f) weit seitlich gesetzt; g) flach; h) gewölbt; i) geschwungen; j) buschig; k) zugespitzt.

5. Augenwimpern. a) dicht; b) dünn; c) lang; d) kurz; e) geschwungen; f) glatt.

6. Augen. a) groß; b) klein; c) vorstehend; d) tiefliegend; e) eng beisammen; f) weit auseinander; g) nach außen schräg ansteigend; h) nach innen schräg ansteigend; i) Färbung; j) Iris - ganzer Kreis sichtbar; k) Iris-Kreis teilweise durch Oberlid und/oder Unterlid verdeckt. In manchen Fällen sollte man auch den Augenlidern und Augensäcken Beachtung schenken, die beide groß oder klein, glatt oder runzlig, bauschig oder fest sein können.

7. Nase. Von vorn gesehen: a) groß; b) klein; c) schmal; d) mittelbreit; e) breit; f) gekrümmt. Von der Seite gesehen: a) gerade; b) flach; c) spitz; d) stumpf; e) stupsnasig; f) römisch (Adlernase); g) griechisch (geradlinig zur Stirn verlaufend); h) konkav. Die Nasenbasis kann auch im Verhältnis zu den Nasenlöchern erheblich variieren: a) tiefer; b) gleich hoch; c) etwas höher. Die Nasenlöcher selbst können ebenfalls unterschiedlich sein: a) gerade; b) nach unten gebogen; c) nach außen erweitert; d) weit; c) eng; f) haarig.

8. Wangenknochen. Die Wangenknochen sind oft, von vorn gesehen, mit den charakteristischen Kennzeichen des Gesichts eng verbunden. Aber man sollte doch auf drei Merkmale achten: a) hochgesetzt; b) vorspringend; c) kaum erkennbar.

9. Ohren. Die Ohren sind ein Teil des Gesichts, auf den wenige Menschen achten, und doch kann ihre Eigenart ausgeprägter sein als die jedes anderen Gesichtsteils. Sie können sein: a) groß; b) klein; c) deformiert; d) glatt; e) rund; f) länglich; g) dreieckig; h) flach am Kopf anliegend; i) abstehend; j) haarig; k) große Ohrläppchen; l) keine Ohrläppchen; m) ungleich. Als Gedächtnishilfe sind die Ohren der Männer natürlich ergiebiger als die der Frauen, die oft durch die Haare verdeckt sind.

10. Lippen. a) lange Oberlippe; b) kurze Oberlipe; c) klein; d) dick; e) breit; f) dünn; g) aufgeworfen; h) herabgezogen; i) Amorsbogen; j) wohlgeformt; k) ohne typische Merkmale.

11. Kinn. Von vorn gesehen, kann das Kinn sein: a) lang; b) kurz; c) spitz; d) quadratisch; e) rund; f) doppelt (oder mehrfach); g) gespalten; h) mit Grübchen. Von der Seite gesehen: a) vorspringend; b) gerade; c) doppelt oder mehrfach; d) fliehend.

12. Haut. a) glatt; b) rauh; c) dunkel; d) hell; e) durch Narben oder Krankheit gezeichnet; f) fettig; g) trocken; h) fleckig; i) teigig; j) runzlig; k) faltig; l) farbig oder sonnengebräunt; m) sommersprossig.

Andere Gesichtsmerkmale, besonders bei Männern, bilden die verschiedenen Varianten der Gesichtsbehaarung von den Koteletten bis zum Vollbart mit Schnurrbart, die die Gesichtszüge fast unkenntlich machen. Es wäre sinnlos, alle diese Varianten aufzuzählen. Es genügt der Hinweis, daß diese haarigen Phänomene existieren, aber wie Frisuren und Haarfarben sich über Nacht verändern können.

Mnemotechnische Grundlagen des Personengedächtnisses

Die mnemotechnischen Grundlagen für das Erinnern von Namen und Gesichtern beruhen im wesentlichen auf den in Kapitel 4 beschriebenen Prinzipien, nämlich 1. Imagination, 2. Assoziation. Beachten Sie folgende Schritte:

1. Machen Sie sich von dem Namen der Person, an die sie sich erinnern wollen, eine klare bildhafte Vorstellung.

2. Prägen Sie sich den Klang des Namens so ein, daß Sie ihn »im Ohr haben«.

3. Sehen Sie sich das Gesicht der Person, der Sie vorgestellt werden, sehr genau an, und merken Sie sich im Detail seine charakteristischen Merkmale, die ich in diesem Kapitel beschrieben habe.

4. Achten Sie auf Gesichtsmerkmale, die ungewöhnlich, seltsam oder einzigartig sind.

5. Rekonstruieren Sie im Geiste das Gesicht dieser Person, lassen Sie Ihrer Phantasie freien Lauf, übertreiben Sie, wie das ein Karikaturist tun würde.

6. Assoziieren Sie besonders auffallende Gesichtsmerkmale mit dem Namen der Person, indem Sie alle mnemonischen Hilfsmittel heranziehen, vor allem Phantasie und Übertreibung.

Der schnellste und einfachste Weg, die Anwendung dieser Prinzipien zu erlernen, ist, sie sofort in die Praxis umzusetzen. Auf den folgenden Seiten präsentiere ich Ihnen die doppelte Zahl von Namen und Gesichtern wie bei der Testaufgabe in Kapitel 2. Ich gebe Ihnen im nächsten Abschnitt einige Hinweise, wie Sie die Prinzipien des Erinnerns anwenden können, um sich die mit fünf der Gesichter assoziierten Namen einzuprägen. Sehen Sie sich diese und die übrigen fünfzehn Gesichter genau an und versuchen Sie, sich möglichst viele von ihnen zu merken. Dann testen Sie sich selbst, indem Sie auf den anschließenden Seiten (auf denen die Namensbezeichnungen fehlen), den zwanzig Gesichtern die zugehörigen Namen zuordnen.

Memorierung von Gesichtern

Wenn Sie sich zum Beispiel die auf den folgenden Seiten abgebildeten Gesichter und die zugehörigen Namen einprägen wollen, brauchen Sie nur die beschriebenen Techniken anzuwenden: die Gesichter genau anschauen, charakteristische Merkmale finden, die Sie imaginativ mit dem Namen assoziieren können, und sich dann Ihr mnemonisches Bild machen.

- Herrn *Baumann* (Nr. 7) zum Beispiel kann man sich gut als Bauarbeiter vorstellen.
- Herr *Busch* (Nr. 4) hat einen Haarwuchs, der stark an ein Buschdickicht erinnert.
- Herr *Suzuki* (Nr. 12) hat besonders ausgeprägte Augenbrauen, die man sich als die Lenkstange eines Suzuki-Motorrads vorstellen könnte.
- Fräulein *Ritter* (Nr. 15) hat langes, lose hängendes Haar. Man kann sie sich als Ritterfräulein vorstellen, das sich mit wehendem Haar weit aus dem Fenster ihrer Kemenate lehnt, um dem heranreitenden Ritter zuzuwinken, der bei ihrem Vater um ihre Hand anhalten will.
- Herr *Brenner* mit dem kurzgeschorenen Haar (Nr. 19) ist gerade aus dem Gefängnis entlassen worden, wo er zwei Jahre wegen Schwarzbrennerei eingesessen hat.

Noch ein Hinweis: Wenn Sie sicher sind, daß Sie einen flüchtigen Bekannten nicht wiedersehen werden, und deshalb kein Interesse daran haben, den Namen und das Gesicht ihrem Langzeitgedächtnis einzuprägen, ist es oft ratsam, sich ein auffallendes Stück Kleidung zu merken. Es ist nicht anzunehmen, daß er/sie diese Kleidung häufiger tragen wird. Dasselbe gilt für Frisuren und Bärte, die sich ja häufig ändern.

1 Herr Mogambi

2 Herr Knorr

3 Fräulein Holzer

4 Herr Busch

5 Frau Volker

6 Herr Kleff

7 Herr Baumann

8 Fräulein Astor

9 Herr Meppler

10 Herr Hörster

11 Fräulein Jabanardi

12 Herr Suzuki

13 Herr Welsch

14 Herr Mertens

15 Fräulein Ritter

16 Fräulein Meister

17 Fräulein Koch

18 Herr Bongers

19 Herr Brenner

20 Fräulein Hammer

16

6

12

9

19

4

15

11

18

10

3

8

14

17

7

5

2

1

20

13

Punktzahl aus 20 möglichen Punkten: ____

Wenn Sie die Etikette- und die Mnemonik-Methode zum Erinnern von Namen und Gesichtern sicher beherrschen wollen, ist es zweckmäßig, daß Sie sich eine Namensliste solcher Personen anlegen, denen Sie wahrscheinlich gesellschaftlich begegnen werden. Zu dem jeweiligen Namen sollte das mit ihm assoziierte »Image« vermerkt werden. Außerdem sollten Sie in die Liste Standard-Bildvorstellungen für häufig vorkommende Namen eintragen, mit denen Sie sofort die auffallenden Gesichtsmerkmale derjenigen Personen verknüpfen können, die diese Namen tragen. Die folgende Liste enthält Beispiele von Namen und bildhaften Assoziationen.

Wassermann: wilder Bursche, möchte schöne Königstochter Lilofee heiraten
Wechsler: vor zweitausend Jahren aus dem Tempel gejagt
Wilfer: ein »willfähriger« Mensch
Hausmann: eine heute nicht mehr seltene Spezies Mann, putzt gern
Buttermann: EG-Butterlager-Verwalter, sitzt auf einem Butterberg
Hörster: Pfleger von Adlerhorsten
Herdegen: »Her mit dem Degen!« fordert der Ritter seinen Gegner auf, sich zu ergeben
Henseler: ein Eulenspiegel
Salzer: pökelt Schweinefleisch ein
Thormann: hat Angst vor Elfmeter
Deckel: auf jeden Topf paßt einer
Gerstenberg: kann nur von Bergbauern beackert werden
Heller: der kleine Bruder des Batzen
Zimmermann: männliches Wesen, das frische Luft scheut
Westenburger: Multimillionär, der aus der Westentasche den Kaufpreis für eine Burg bezahlt
Kellermann: Küfer mit Schürze
Roßhaupt: Im Doppel Zierde norddeutscher Hausgiebel
Drexel: ermahnt der Drechslermeister seinen Lehrbuben
Häusler: Platz ist in der kleinsten Hütte – für den Häusler, die Häuslerin und die Häuslerkinder
Ganselmeier: mästet kleine bayerische Gänse
Limburg: prodziert duftreiche Limburger
Seidel: faßt soviel wie ein Maßkrug

Hofherr: Kettenhund
Jesserer: Jasager, der Englisch spricht
Havermann: Magenkranker, der sich von Hafergrütze ernähren muß

Wenn Sie die Etikette-Methode, die mnemotechnische Methode und das Standard-Namen/Bild-System beherrschen, wird es Ihnen nicht mehr passieren, daß Sie einem Bekannten begegnen und sich nicht an seinen Namen erinnern können.

Lassen Sie mich zum Abschluß noch von einem Vorfall berichten, der seinerzeit mein persönliches Interessse an der Wissenschaft und Technik der Mnemonik stark gefördert hat. Er ereignete sich am ersten Tag meines ersten Semesters an der Universität. Ich hatte mein erstes Kolleg in Englisch um 8 Uhr morgens, und wir waren alle trotz unserer Aufgeregtheit noch etwas müde. Aber unser Dozent trieb uns die Schläfrigkeit schnell aus. Er kam herein, ohne Aktentasche, ohne Schreibzeug, ohne Bücher und ohne Aufzeichnungen, stellte sich vor uns, nannte seinen Namen und sagte, er werde jetzt zunächst die Anwesenheitsliste verlesen. Vor dem Podium stehend, die Hände auf dem Rücken, begann er dann in alphabetischer Folge unsere Namen aufzurufen, beginnend mit Adams, Alexander, Barlow und Bossy, worauf er jeweils die gemurmelte Antwort bekam: »hier« oder »ja«. Als er dann zu Camburn kam, blieb die Bestätigung aus. Er wartete einen Augenblick und sagte dann: »Mr. Barry Camburn.« Keine Antwort. Ohne eine Miene zu verziehen, zitierte er: »Mr. Barry Camburn, Adresse 29 West Street, Telefon 272-7376, geboren 24. Juni 1943, Name des Vaters Frank, Name der Mutter Mary.« Alle Studenten starrten ihn mit offenem Munde und aus weit aufgerissenen Augen an. Unser Dozent rief weiter die Namen auf, und jedesmal, wenn einer der Aufgerufenen nicht anwesend war, zitierte er Vorname, Adresse, Telefonnummer, Geburtsdatum und die Vornamen der Eltern.

Es war uns klar, daß er nicht vorher hatte wissen können, wer fehlte, er mußte also alle diese Daten von jedem von uns vollständig im Kopf haben. Als er das »Verlesen« der Anwesenheitsliste beendet hatte, wiederholte er rasch die Namen der Anwesenden und sagte dann ironisch lächelnd: »Ich werde darüber gelegentlich eine Notiz machen.«

Obwohl er keinen von uns jemals gesehen hatte, vermochte er es mühelos, sich unsere Namen und unsere persönlichen Daten in der richtigen Folge zu merken. Versuchen Sie einmal, ob Sie mit dem Wissen über Memoriertechniken, das Sie aus diesem Buch gewonnen haben, in der Lage sind, eine ähnliche Leistung zu vollbringen.

21

Wie man Vorträge, Witze, Rollen, Gedichte, Artikel und Bücher memoriert

Vorträge

In 90 Prozent aller Fälle ist es unnötig, Vorträge vollständig im Wortlaut zu memorieren. Wenn Sie sich das klargemacht haben, geht Ihnen die Vorbereitung viel leichter von der Hand. Die großen Probleme, mit denen jeder konfrontiert ist, der Vorbereitung und Präsentation eines Vortrags als Gedächtnisfunktion sieht, erledigen sich dann von selbst.

1. Der enorme Zeitaufwand für die Vorbereitung und Memorierung eines Vortrags. Im Durchschnitt braucht man für Vorbereitung und Präsentation eines einstündigen Vortrags insgesamt eine Woche. Diese Zeitvergeudung resultiert vor allem aus dem Prozeß des mehrmaligen Schreibens und Umschreibens des Vortrags, bis dieser zur Memorierung geeignet erscheint. Der Rest der vergeudeten Zeit wird dazu gebraucht, das Konzept durch ständige Wiederholung dem Gedächtnis einzutrichtern.
2. Die dadurch verursachte geistige Anspannung, die zu Streßerscheinungen führt.
3. Der aus dem geistigen Druck entstehende physische Streß.
4. Die relativ geschraubte Präsentation des Vortrags, die aus der wörtlichen Memorierung entsteht.
5. Die Langeweile, die sich der Zuhörer bemächtigt, weil sie »spüren«, daß der Vortrag auswendig gelernt und unflexibel ist und daß

ihm die Spontaneität fehlt, die allein Spannung und Interesse erzeugt.

6. Die Streß-Atmosphäre beim Redner und bei den Zuhörern, weil beide Seiten gespannt und unbehaglich auf die schrecklichen Pausen warten, wenn der Redner den Faden verloren hat und aus dem Konzept geraten ist.

7. Das Fehlen des Blickkontakts zwischen Redner und Zuhörern, weil der Vortragende »nach innen blickt«, auf den streng memorierten Stoff und nicht nach außen, auf die Zuhörer.

Das Geheimnis einer guten Vortragsvorbereitung ist, nicht das ganze Konzept Wort für Wort auswendig zu lernen, sondern sich die wesentlichen Schlüsselwörter einzuprägen. Der ganze Prozeß von Vorbereitung und Präsentation kann einfach und ohne Streß vonstatten gehen, wenn Sie die folgenden Regeln beachten:

1. Machen Sie sich gründlich mit dem Thema vertraut, über das Sie sprechen wollen; notieren Sie die Ideen, Zitate und Verweise, die Ihnen wichtig erscheinen. Sie sollten diese Notizen in Mind-Map-Form erstellen. (Ich verweise dazu auf die ausführlichen Erläuterungen in meinem Buch *Kopf-Training* und die kurze Darstellung in Kapitel 23 dieses Buches.)

2. Wenn Sie diese Forschungsarbeit beendet haben, stellen Sie (ebenfalls in Mind-Map-Form) einen Plan der Grundstruktur Ihres Vortrags auf.

3. Wenn Sie die Mind Map der Grundstruktur des Vortrags vor sich liegen haben, dann tragen Sie in diese alle wichtigen Details ein, so daß sie schließlich eine mit Hilfe der rechten wie der linken Gehirnseite erstellte assoziative und bildhafte Mind Map des ganzen Vortrags haben. Diese wird normalerweise nicht mehr als 100 Wörter enthalten.

4. Nach diesem Entwurf erarbeiten Sie nun die Präsentation Ihres Vortrags. Sie werden feststellen, daß Ihnen dabei der endgültige Aufbau des Vortrags immer klarer wird, und Sie können nun die Hauptabschnitte und die Unterteilungen Ihres Vortrags entsprechend numerieren. Sie werden auch feststellen, daß Sie nach Beendigung der Forschungsarbeit und der gedanklichen Gliederung des Stoffes automatisch den Großteil Ihres Vortrags bereits memoriert haben. Anfänglich werden Sie natürlich bei manchen Punkten ins Stocken oder ins Schwimmen geraten, aber nach etwas Übung wird Ihnen klarwerden, daß Sie nicht nur Ihren Vortrag von Anfang bis Ende kennen, sondern auch die thematischen Assoziationen, die Zusammenhänge und den inneren Aufbau des Vortrags viel gründlicher erfaßt haben als bei der Methode, die Sie früher angewendet haben. Mit anderen Worten: Sie werden wirklich wissen, wovon Sie reden. Dieser Punkt ist besonders wichtig, denn er bedeutet, daß Sie bei der Präsentation des Vortrags keine Angst zu haben brauchen, aus dem Konzept zu geraten. Sie werden flüssig und mit Engagement sprechen, Sie werden das richtige Vokabular finden und sich nicht in einer starren Abfolge vorbestimmter Satzstrukturen verhaspeln. Sie werden so ein kreativer und dynamischer Redner werden.

5. Zur Absicherung können Sie auf eines der elementaren Anhänge-Systeme zurückgreifen. Wählen Sie die zehn, zwanzig oder dreißig Schlüsselwörter aus, die einen vollständigen Abriß Ihres Vortrags geben, und wenden Sie die Prinzipien des Erinnerns an, um diese Schlüsselwörter zu dem gewählten Anhänge-System in Beziehung zu setzen. Auf diese Weise werden Sie sicherstellen, daß Sie, wenn Sie einen Augenblick den Faden verlieren, sich sofort wieder zurechtfinden. Machen Sie sich keine Sorgen über eventuelle kleine Pausen in Ihrem Vortrag. Wenn ein Publikum spürt, daß der Redner weiß, was und wovon er spricht, wirkt sich eine Pause eher positiv als negativ aus, denn sie macht den Denk- und Schöpfungsprozeß deutlich. Damit wird das Zuhören interessanter und anregender, weil der Vortrag weniger formell, aber persönlicher und ungezwungener ist. Manche großen Rhetoren benutzen die Pause sogar als Stilmittel, halten die Spannung der »Denkpause« bis zu einer vollen Minute durch.

In den sehr seltenen Fällen, wenn Sie einen ganzen Vortrag Wort für Wort memorieren müssen, kann der Memorierungsprozeß durch die Anwendung aller erörterten Regeln für den Vortrag wesentlich erleichtert werden. Und für den letzten Schliff machen Sie sich die Techniken zunutze, die wir in den Abschnitten dieses Kapitels über Schauspielerrollen und Gedichte noch besprechen werden.

Witze

Das Behalten und Erzählen von Witzen ist offensichtlich mit sehr großen Problemen und Schwierigkeiten verbunden. Vor einiger Zeit wurden hierzu Befragungen von Geschäftsleuten und Studenten durchgeführt. Dabei stellte sich heraus, daß von den Tausenden Befragten fast 80 Prozent der Meinung waren, keine besonders guten Witzeerzähler zu sein, daß alle gute Witzeerzähler sein möchten und daß alle als ihr größtes Handikap das schlechte Gedächtnis nannten. Tatsächlich aber ist das Memorieren von Witzen viel leichter als das von Vorträgen, weil die kreative Arbeit dabei entfällt. Die haben ja die Erfinder der Witze bereits geleistet. Sie müssen lediglich zwei Dinge tun: erstens, ein Basisgitter zur Kategorisierung und Erfassung der wesentlichen Elemente des Witzes schaffen, zweitens, sich die wichtigsten Details einprägen.

Die erste dieser Aufgaben können Sie leicht bewältigen, indem Sie einen Bereich des Major-Systems als permanente Kartei für Witze verwenden, die Sie zu registrieren wünschen. Zu diesem Zweck teilen Sie zunächst die Witze in allgemeine Kategorien ein. Zum Beispiel:

Sexwitze
Tierwitze
Nationalitätswitze
Reimwitze
Toilettenwitze
Kinderwitze
»Intellektuelle« Witze
»Spruch«-Witze
Sportwitze usw.

Listen Sie diese nach Präferenz in numerischer Ordnung, und teilen Sie den einzelnen Kategorien dann Bereiche des Major-Systems zu. Sie könnten zum Beispiel den Bereich 1 bis 10 oder 1 bis 20 für Sexwitze reservieren, den Bereich 11 bis 20 oder 21 bis 40 für Nationalitätswitze und so fort.

Die zweite Aufgabe ist ebenso leicht zu lösen. Hier benutzen Sie wieder das Verknüpf-System. Nehmen wir zum Beispiel den Witz (er hat einen ellenlangen Bart) von dem Mann, der in eine Kneipe geht und sich ein Glas Bier bestellt. Als er gerade den ersten Schluck nehmen will, fällt ihm ein, daß er ein dringendes Telefongespräch erledigen muß. Er befürchtet, daß einer der Burschen in der Kneipe sein Bier trinken könnte, während er in der Telefonzelle ist (das ist ihm schon einmal passiert). Um dem vorzubeugen, schreibt er auf den Bierdeckel: »Ich bin Weltmeister in Karate«, und geht zum Telefonieren, überzeugt, daß sein Bier nun sicher sei. Als er zurückkommt, sieht er schon von weitem, daß sein Glas leer ist, und als er an seinen Tisch kommt, bemerkt er, daß jemand auf die andere Seite geschrieben hat: »Danke für das Bier - der Welt schnellster Läufer!«

Um sich diesen Witz zu merken, wählen Sie überlegt Erinnerungs-Schlüsselwörter so aus, daß sie zusammen ein Gerüst der Erzählung bilden. Alles, was Sie benötigen, sind die Schlüsselwörter »Bier«, »Telefon«, »Karate-Champion«, »Renn-Champion«.

Zur Vervollständigung der Memorierung verbinden Sie in Ihrer Vorstellung das erste Schlüsselwort mit dem zugehörigen Schlüsselwort des Major-Systems, und dann verbinden Sie die restlichen drei Schlüsselwörter nach dem Verknüpf-System.

Die Anwendung dieser Methode hat zwei große Vorteile. Erstens werden Sie in der Lage sein, sich jeden gewünschten Witz zu merken und zu kategorisieren; und zweitens wird die besonders hohe Beteiligung Ihrer rechten Gehirnhälfte an der Memorierung des Witzes Sie auch zu einem viel kreativeren und phantasievolleren Witzeerzähler machen und damit das zweite große Problem der »Witzbolde« lösen, nämlich in eine zu starre und lineare, von der linken Gehirnseite gesteuerte Memoriermethode zu verfallen, die den Zuhörer langweilt.

Schauspielrollen und Gedichte

Für Studenten, Schüler und professionelle oder Amateurschauspieler kann diese Variante des Erinnerns die beschwerlichste sein. Die üblicherweise empfohlene und benutzte Methode ist die, jede Textzeile immer wieder zu lesen, bis sie »sitzt«; dann die nächste Zeile vorzunehmen, bis sie sitzt; die beiden zusammenfügen, bis sie sitzen; dann die nächste Zeile lesen und so weiter und so fort bis zum

Überdruß – während inzwischen die ersten Zeilen schon wieder vergessen sind.

Ein System, das sich auf die Prinzipien des Erinnerns stützt und mit Erfolg von berühmten Schauspielern und Schauspielerinnen benutzt wird, geht den umgekehrten Weg. Bei ihm wird der zu lernende Stoff rasch, aber mit Verständnis zweimal nacheinander gelesen, und zwar fünf- bis zehnmal am Tag und über die Dauer von vier Tagen. Wenn Sie in dieser Zeit ständig auf Verständnis des Textes hin lesen, werden Sie nach dem zwanzigsten Lesen viel vertrauter mit dem Stoff sein, als Ihnen bewußt ist: Sie werden sich, ohne in das Textbuch zu schauen, an den größten Teil des Stoffes erinnern. Ihr Geist wird praktisch 90 Prozent der Information aufgenommen haben, vorausgesetzt, Sie haben das Verstehen des Textes durch den Einsatz Ihrer Phantasie unterstützt. Die Erinnerung wird ein natürliches Ergebnis richtigen Lesens und elementaren Verstehens sein, wenn Sie sich der Mittel der Phantasie und Assoziation bedienen.

Dieses System ist viel erfolgreicher als die Methode, sich einen Text Zeile für Zeile durch ständiges Wiederholen einzuprägen. Es kann sogar noch verbessert werden, wenn Sie Erinnerungs-Schlüsselwörter und das Verknüpf-System einsetzen. Wenn Sie zum Beispiel ein Gedicht auswendig lernen wollen, werden ein paar Schlüsselwörter des Major-Systems Ihnen helfen, eventuelle Gedächtnislücken »auszufüllen«. Wenn es sich um das Erlernen eines Schauspieltextes handelt, können sich ebenfalls Erinnerungs-Schlüsselwörter und das Verknüpf-System als wichtige Hilfsmittel erweisen. Die einzelnen Abschnitte eines längeren Monologs können durch Schlüsselwörter miteinander verbunden werden, und Stichwörter beim Rollenwechsel werden müheloser und sicherer zu handhaben sein, wenn Sie für den Übergang vom letzten Wort des vor Ihnen agierenden Schauspielers zu Ihrem ersten Wort nach mnemonischen Prinzipien eine imaginative Assoziation herstellen. Das Fehlen dieser mnemotechnischen Hilfen ist meist der Grund für Chaos auf der Bühne, besonders für diese gefürchteten langen Pausen und Kontinuitätsunterbrechungen, die entstehen, wenn ein Akteur sein letztes Wort oder ein anderer sein erstes Wort vergessen hat. Schauspieltruppen können bis zu 50 Prozent ihrer Probenzeit einsparen und damit den Streß erheblich reduzieren sowie Effizienz und Schaffensfreude erhöhen, wenn sie die elementaren Prinzipien des Erinnerns auf ihre Theaterarbeit anwenden.

Artikel

Wenn Sie sich den Inhalt eines Artikels für eine kurze Zeit einprägen wollen, brauchen Sie eine andere Methode, als wenn Sie ihn in Ihrem Langzeitgedächtnis speichern wollen. Wenn Sie etwa bei einem Meeting oder einer Konferenz ein kurzes Resümee eines Artikels geben wollen, den Sie kurze Zeit zuvor gelesen haben, werden Sie sich fast vollständig an ihn erinnern. Und Sie können dabei Ihre Zuhörer verblüffen, indem Sie sich auf bestimmte Seiten des Artikels beziehen. Die Methode ist einfach: Sie wählen ein, zwei oder drei bildhafte Erinnerungs-Schlüsselwörter von jeder Seite des Artikels und bringen sie in Verbindung zu den Zahlen eines der Anhänge-Systeme. Wenn Sie sich auf ein Schlüsselwort pro Seite beschränken, dann wissen Sie, wenn Sie zu dem der Zahl fünf Ihres Anhänge-Systems entsprechenden Schlüsselwort kommen, daß Sie bei Seite fünf des Artikels sind. Und wenn Sie zwei Schlüsselwörter pro Seite nehmen und Sie bei Nummer sieben sind, dann wissen Sie, daß Sie auf Seite vier oben angekommen sind.

Für die Memorierung eines Artikels auf längere Zeit werden Sie mehr als zwei oder drei Erinnerungs-Schlüsselwörter pro Seite benötigen. Und Sie benutzen ein für dauerhaftes Erinnern geeignetes Anhänge-System in Verbindung mit dem Wiederholungsprogramm, das in Kapitel 25 beschrieben wird.

Bücher

Es ist möglich, ein ganzes Buch detailliert zu memorieren! Dazu wenden Sie einfach die mnemonischen Techniken für Artikel auf jede Seite des Buches an. Das ist leicht zu schaffen, wenn man eine Kombination von Major-System und Verknüpf-System benutzt. Wählen Sie einfach ein, zwei oder drei bildhafte Erinnerungs-Schlüsselwörter für Seite eins, und verknüpfen Sie diese kreativ mit dem Merkwort des Major-Systems für die Zahl 1: *Tee.* Von Seite zwei wählen Sie ebenfalls ein, zwei oder drei Erinnerungs-Schlüsselwörter, die

Sie kreativ mit dem Merkwort für die Zahl 2 des Major-Systems, *Noah*, verknüpfen. Dieses Verfahren setzen Sie fort, bis Sie am Ende des Buches angelangt sind. Auf diese Weise wird es Ihnen möglich sein, sich bei einem Buch von dreihundert Seiten nicht nur an den wesentlichen Inhalt jeder Seite zu erinnern, sondern, wenn Sie das wollen, sogar jedes Absatzes jeder Seite.

22

Wie man sich auf Examen vorbereitet

Es gibt keinen Grund mehr, sich vor Examen zu fürchten:

● Nicht länger die schreckliche Angst, die wie ein am Horizont aufsteigendes Unwetter immer bedrohlicher wird, je näher der Zeitpunkt des Examens rückt.

● Nicht länger die wahnsinnige Hetze der letzten Wochen und Tage vor dem Examen, wenn die Nervenanspannung immer unerträglicher wird.

● Nicht länger das nervöse erste Überfliegen der Prüfungsaufgabe, bei dem Sie so schnell lesen, daß Sie das Papier noch einmal langsamer lesen müssen, um überhaupt zu verstehen, was wirklich gefragt ist.

● Nicht länger werden Sie bei einer einstündigen Prüfungsarbeit fünfzehn bis dreißig Minuten Ihrer kostbaren Zeit damit verbringen, sich irgendwelche sinnlosen Notizen zu machen, sich den Kopf zu kratzen, die Stirn zu runzeln, verzweifelt zu versuchen, sich Ihr Wissen ins Gedächtnis zu rufen, das Ihnen aus unerfindlichen Gründen in diesem Augenblick einfach abhanden gekommen ist.

● Nicht länger die frustrierende Erfahrung, daß Sie nicht fähig sind, aus Ihrem völlig desorganisierten Wissen das herauszuholen, was Sie für Ihr Examen brauchen.

Das oben skizzierte Szenario trifft nicht nur auf Examenskandidaten zu, die schlecht vorbereitet und deren Kenntnisse im Prüfungsfach unzureichend sind, sondern oft auch auf solche, die ein fundiertes

Wissen haben. Ich erinnere mich an mindestens drei Studenten in meinen ersten Studienjahren, die besser über bestimmte Fachgebiete Bescheid wußten als jeder andere ihres Jahrgangs und die darin sogar privaten Nachhilfeunterricht gaben. Seltsamerweise erzielten Sie bei Examensarbeiten niemals gute Ergebnisse, und sie beklagten sich regelmäßig, daß sie im Examen nicht genügend Zeit hätten, ihr großes Wissen zu sammeln und zu ordnen, und daß sie, völlig unerklärlich, in kritischen Momenten das meiste »vergäßen«.

Alle diese Probleme können gelöst werden, wenn Sie zur Examensvorbereitung die Lese- und Studiertechniken nutzen, die ich in meinem Buch *Kopf-Training* ausführlich beschrieben habe. Sie sollten auch die im folgenden Kapitel 23 kurz erläuterte Mind-Map-Technik nutzen und vor allem das Major-System in Verbindung mit dem Verknüpf-System anwenden. Nehmen wir zum Beispiel an, daß Sie sich auf ein Examen im Fach Psychologie vorbereiten. Wenn Sie die Aufzeichnungen, die Sie während des Studiums gemacht haben, durchsehen, sollten Sie Kategorien bilden, die in Untergruppen alle von Ihnen benötigten Informationen enthalten.

Im Fall Psychologie könnten das etwa folgende Kategorien sein:

1. die wesentlichen Themenbereiche
2. die wesentlichen Theorien
3. wichtige Experimente
4. wichtige Vorlesungen
5. wichtige Bücher
6. bedeutende wissenschaftliche Abhandlungen
7. Informationen von allgemeinem Interesse
8. eigene Erkenntnisse, Gedanken und Theorien

Sie können nun jeder dieser Kategorien einen bestimmten Zahlenbereich des Major-Systems zuordnen und die bildhaften Erinnerungs-Schlüsselwörter für die einzelnen Unterbegriffe mit den zugehörigen Merkwörtern des Major-Systems verknüpfen. Nehmen wir einmal an, Sie haben die Zahlen 30 bis 50 für die Kategorie »wichtige Experimente« bestimmt. Das fünfte von ihnen soll ein Experiment des amerikanischen Psychologen und Neo-Behavioristen B.F. Skinner sein, bei dem Tauben für eine Belohnung mit Körnern lernten zu picken oder zu hacken. Sie müssen nun ein bildhaftes Schlüsselwort für das Skinnersche Tauben-Experiment mit dem Merkwort für die Zahl 35 = *Mal* in Verbindung bringen. Sie könnten sich etwa eine magere (»skinny«) Taube vorstellen, die erschöpft ein letztes Mal mit dem Schnabel pickt, um die Belohnung einzuheimsen.

Nach dieser Methode wird es Ihnen möglich sein, das Jahresstudium eines ganzen Fachgebiets in den Zahlenbereich 1 bis 100 des Major-Systems einzuordnen und dieses gut organisierte Wissen in erstklassige Prüfungsarbeiten umzusetzen. Wenn Sie in Ihrem Psychologie-Examen etwa die Aufgabe bekommen, »Motivation und Lernen aus der Sicht des Behaviorismus« darzustellen, dann wählen Sie die wesentlichen Schlüsselwörter dieser Aufgabe aus und gehen dann das Bereichsgitter des Major-Systems durch, wobei Sie alle Begriffe, die irgendwie für Ihr Thema relevant sind, notieren. In Ihrer Arbeit werden Sie dann wohlgeordnet Bereiche, Theorien, Experimente abhandeln, auf Bücher verweisen, Vorlesungen und wissenschaftliche Abhandlungen anführen und schließlich Ihre eigenen Gedanken und Erkenntnisse erläutern.

Achten Sie darauf, in jedem Themenbereich die letzte Kategorie des Major-Systems Ihren eigenen kreativen und originären Ideen vorzubehalten. Diese Kategorie ist entscheidend für die Beurteilung Ihrer Arbeit, die ja nicht nur Ihr gespeichertes Wissen, sondern vor allem Ihre persönlichen Folgerungen aus diesen Erkenntnissen darstellen soll.

Die Anwendung der beschriebenen Methode wird Sie also nicht nur befähigen, sich perfekt an alle für das Examen benötigten Informationen zu erinnern, Sie werden damit auch Ihre kreativen Geisteskräfte entwickeln, die Voraussetzung für jeden echten Erfolg sind.

23

Aufzeichnungen als Erinnerungshilfe Mind Maps

Die meisten Menschen vergessen, was sie sich notieren, weil sie nur einen Teilbereich ihres Gehirns bei diesem Vorgang einsetzen. Die fast allgemein üblichen Aufzeichnungsmethoden arbeiten mit Wort- und Satzverbindungen, mit Listen und Linienstrukturen und mit Zahlen. Solche Systeme nutzen nur die von der linken Gehirnseite gesteuerten Prinzipien des Erinnerns, nämlich Ordnung, Folge und Zahl; sie vernachlässigen dagegen Phantasie, Assoziation, Übertreibung, Kontraktion, Absurdität, Humor, Farbe, Rhythmus, Sensualität und Sexualität.

Wenn Sie sich eine gute Aufzeichnungstechnik aneignen wollen, müssen Sie mit der Tradition brechen und beide Seiten Ihres Gehirns sowie alle elementaren Prinzipien des Erinnern nutzen. Bei meiner kartographischen Methode verwenden Sie nur unlinierte Blätter. In die Mitte einer Seite zeichnen Sie ein Erinnerungs-Schlüsselbild (rechtes Gehirn), das die Zentralidee der geplanten Aufzeichnung darstellt. Von diesem Zentrum gehen Linien (linkes Gehirn) aus, über oder unter diese werden Schlüsselwörter geschrieben (linkes Gehirn) oder Bilder gezeichnet (rechtes Gehirn), welche die wichtigsten Untergruppen des Hauptthemas darstellen. Von diesen Hauptlinien zweigen andere Linien ab, auf denen Sie in derselben Form Schlüsselwörter und -bilder für weitere Unterteilungen des Themas vermerken. Auf diese Weise können Sie eine multidimensionale, assoziative, phantasievolle und farbige kartographische Auf-

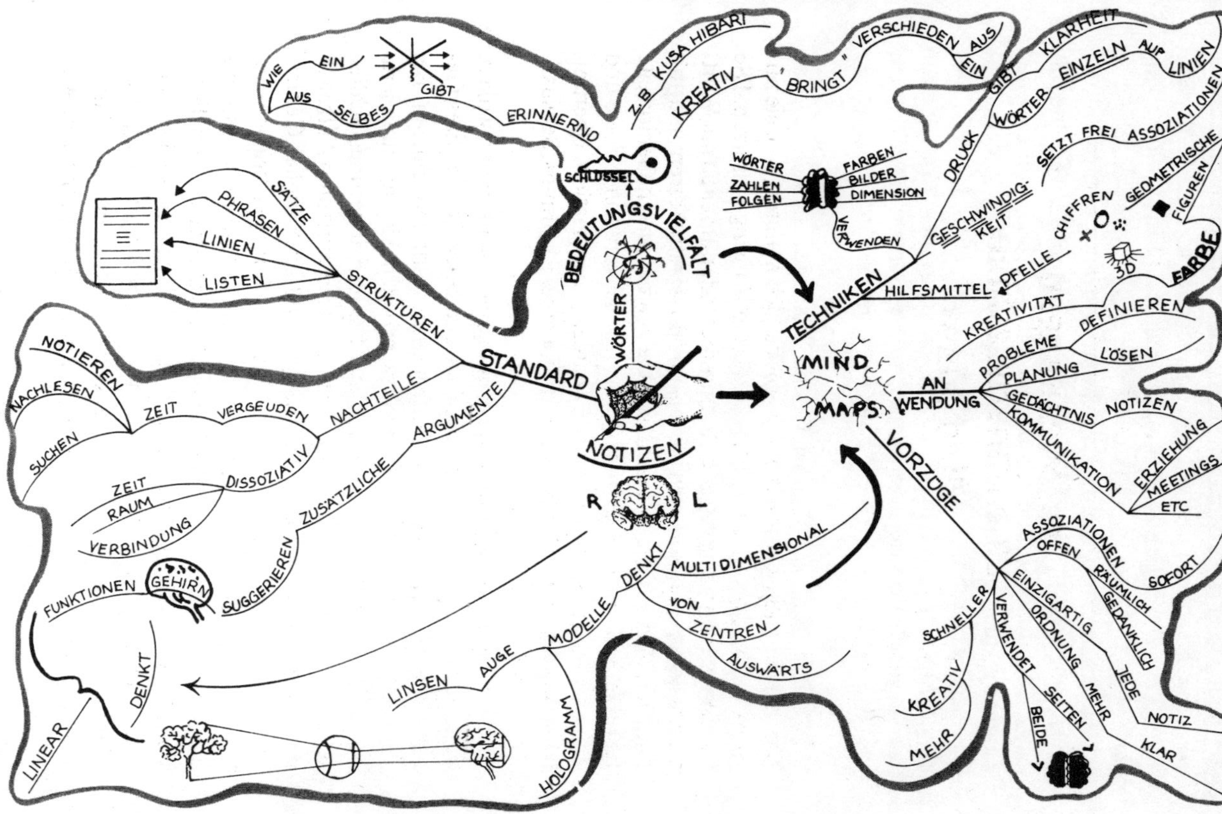
MIND MAPS
TECHNIKEN
HILFSMITTEL
PFEILE
CHIFFREN
3D
GEOMETRISCHE
FIGUREN
FARBE
GESCHWINDIGKEIT
SETZT FREI ASSOZIATIONEN
DRUCK
WÖRTER
EINZELN AUF LINIEN
GIBT
KLARHEIT
VERWENDEN
WÖRTER
ZAHLEN
FOLGEN
FARBEN
BILDER
DIMENSION
AN WENDUNG
KREATIVITÄT
PROBLEME
DEFINIEREN
LÖSEN
PLANUNG
GEDÄCHTNIS
NOTIZEN
KOMMUNIKATION
ERZIEHUNG
MEETINGS
ETC
VORZÜGE
ASSOZIATIONEN
OFFEN
RÄUMLICH
SOFORT
GEDANKLICH
EINZIGARTIG
ORDNUNG
JEDE
NOTIZ
MEHR
KLAR
VERWENDET
SEITEN
BEIDE
SCHNELLER
KREATIV
MEHR
BEDEUTUNGSVIELFALT
WÖRTER
SCHLÜSSEL
ERINNERND
WIE
EIN
AUS
SELBES
GIBT
Z.B KUSA HIBARI
KREATIV
'BRINGT"
VERSCHIEDEN
AUS
EIN
NOTIZEN
STANDARD
STRUKTUREN
SÄTZE
PHRASEN
LINIEN
LISTEN
NACHTEILE
VERGEUDEN
ZEIT
NOTIEREN
NACHLESEN
SUCHEN
DISSOZIATIV
ZEIT
RAUM
VERBINDUNG
ARGUMENTE
ZUSÄTZLICHE
SUGGERIEREN
FUNKTIONEN
GEHIRN
DENKT
LINEAR
R
L
DENKT
MULTIDIMENSIONAL
VON
ZENTREN
AUSWÄRTS
MODELLE
AUGE
LINSEN
HOLOGRAMM

zeichnung über jedes beliebige Thema aus einem Buch, einer Vorlesung usw. erstellen. Diese Art der Aufzeichnung habe ich in meinem Buch *Kopf-Training* als *Mind Map* bezeichnet und ausführlich erläutert.

Bei diesem Aufzeichnungsverfahren werden Sie sich sofort und vollständig an alles erinnern, was Sie niederschreiben, weil eine solche multidimensionale mnemonische Methode alle Prinzipien des Erinnerns, die vom linken und vom rechten Gehirn gesteuerten, gleichzeitig einsetzt. Und Sie werden auch feststellen, daß diese Methode Ihnen die Möglichkeit gibt, dem Buch oder dem Vortrag, über die Sie sich Notizen machen, mehr Aufmerksamkeit zu schenken, und daß sie Ihnen auch mehr Zeit zum Verstehen und zu kritischer Analyse läßt.

Als einfaches Beispiel dieser Technik finden Sie auf Seite 167 eine Mind Map über das Kapitel *Notizen und Aufzeichnungen* aus meinem Buch *Kopf-Training.*

Wenn Sie die Mind-Map-Technik mit der Methode zur Examensvorbereitung kombinieren und immer die elementaren Prinzipien des Erinnerns beachten, werden Sie für das Studium jedes Fachgebiets die besten Voraussetzungen mitbringen.

24

Wie man sich an Vergessenes wiedererinnert

Ich nahm im letzten Jahr einmal an einem zwanglosen Abendessen mit Geschäftsfreunden teil, zu denen auch der kurz zuvor ernannte Präsident einer Schulungs- und Fortbildungsorganisation gehörte. Vor Beginn des Essens erklärte uns dieser ganz aufgeregt, er habe soeben, als er von zu Hause fortfahren wollte, festgestellt, daß sein Wagen aufgebrochen und seine Aktentasche gestohlen worden war. In dieser Tasche hatten sich sein Terminkalender und eine Anzahl anderer für ihn wichtiger Gegenstände befunden.

Erst als wir unsere Aperitifs getrunken hatten und bereits mit den Horsd'œuvres fertig waren, fiel uns auf, daß unser Freund sich kaum an der Unterhaltung beteiligte und mit abwesender Miene von Zeit zu Zeit ein paar Notizen auf ein Blatt Papier schrieb. Plötzlich griff er mit der Bemerkung in das Gespräch ein, daß ihm der ganze Abend verdorben sei, weil er sich nur an vier Gegenstände erinnern könne, die in der gestohlenen Aktentasche gewesen seien, obwohl er doch wisse, daß es viel mehr waren. Er müsse in zwei Stunden Meldung bei der Polizei erstatten, aber je mehr er versuche, sich zu erinnern, um so mehr blockiere er sein Gedächtnis.

Überlegen Sie jetzt einmal, welche Maßnahmen Sie vorschlagen würden, um diese Blockierung zu lösen.

Aus unserer Tafelrunde waren außer mir noch einige andere mit mnemonischen Techniken vertraut. Wir ließen ihn die folgende Übung machen: Statt sich weiter auf das zu konzentrieren, woran er sich erinnern wollte (in Wirklichkeit konzentrierte er sich ja mehr und mehr auf das *Fehlen* der Erinnerung), sollte er die auf das Ereignis bezogene unmittelbare Vergangenheit noch einmal nacherleben. Wir fragten ihn, wann er das letzte Mal seine Aktentasche geöffnet habe. Das war, wie sich herausstellte, kurz vor dem Verlassen seines Büros gewesen. In dem Augenblick, so erinnerte er sich plötzlich, hatte er zwei wichtige Artikel einer Zeitschrift obenauf in die Tasche gelegt. Dann fragten wir ihn, wann er zuletzt die Aktentasche zu Hause geöffnet habe, bevor er ins Büro fuhr. Das war, erinnerte er sich, am Vortage nach dem Abendessen gewesen; da hatte er ebenfalls zwei Artikel sowie das Tonbandgerät und einen elektronischen Rechner hineingetan, als er die Tasche für den nächsten Morgen vorbereitete. Schließlich forderten wir ihn auf, die Inneneinteilung der Tasche zu beschreiben, und als er detailliert jedes Fach durchging, fielen ihm Füllfederhalter, Kugelschreiber, Bleistifte, einige Geräte, Briefe und eine Anzahl anderer Gegenstände ein, die er zuvor völlig »vergessen« hatte.

Innerhalb von zwanzig Minuten, in denen er die letzten vierundzwanzig Stunden noch einmal durchlebte – er wurde zusehends entspannter und konnte sogar wieder lächeln –, erinnerte er sich an achtzehn Gegenstände, zusätzlich zu den vier, die ihm nach einer Stunde und zwanzig Minuten angestrengten und fast verzweifelten Suchens eingefallen waren.

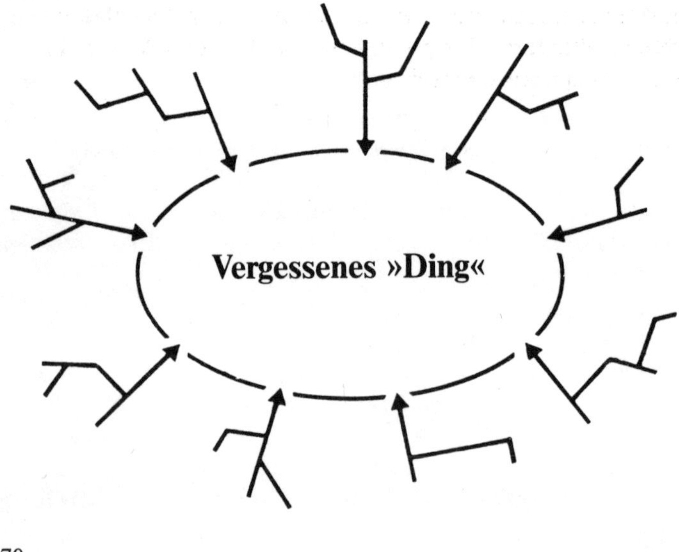

Das Rezept für die Wiederbelebung der Erinnerung besteht darin, die volle Gedächtniskraft frei arbeiten zu lassen, ohne zu »versuchen«, sich an etwas Bestimmtes zu erinnern. Statt sich daran festzubeißen, sollten Sie die Absenz (das, was Sie vergessen haben) mit jeder möglichen Assoziation oder Verbindung, die Ihnen zur Verfügung steht, einkreisen (siehe Diagramm). Die beste Methode ist gewöhnlich, alles, was in irgendeiner Beziehung zu dem steht, woran Sie sich erinnern wollen, noch einmal zu »erleben«. Diese Technik wirkt in praktisch allen Fällen sofort.

In den wenigen Fällen, in denen die Erinnerung nicht unmittelbar wiederkommt, führen Sie die Übung in der beschriebenen Weise zu Ende und geben dann Ihrem Gehirn die Anweisung, die Suche auf der Bewußtseinsebene einzustellen, und lassen nur Ihr Unterbewußtsein an diesem Problem weiterarbeiten: Sie werden feststellen, daß innerhalb weniger Stunden oder Tage nach dieser »Programmierung« - bei einer Konferenz, während Sie mit dem Auto unterwegs sind, unter der Dusche, beim Einschlafen oder Aufwachen, auf der Toilette oder sonstwo - Ihr Gedächtnis plötzlich die Information liefert, die Sie vergessen hatten. Wie alle Memoriertechniken hat auch diese auf alle anderen Aspekte Ihres Gedächtnisses und auch auf Ihre Kreativität eine günstige Wirkung. Und zusätzlich gibt es Ihrem Selbstvertrauen Auftrieb, wenn Sie wissen, daß in der linken und der rechten Hälfte Ihres Gehirns unbewußte Kräfte am Werke sind, für die kein Gedächtnisproblem unlösbar ist.

25

Der Rhythmus des Gedächtnisses

Zur Ergänzung der bisher beschriebenen Prinzipien des Erinnerns müssen wir uns mit zwei Techniken vertraut machen, deren Verständnis und richtige Anwendung uns befähigt, die Effizienz unseres Gedächtnisses sowohl *während* der Informationsaufnahme als auch *nach* der Informationsaufnahme zu verdoppeln:

1. das Erinnern während des Lernens;
2. das Erinnern nach dem Lernen.

Erinnern während einer Lernperiode

Damit Sie klar erkennen, wie der Rhythmus Ihres Gedächtnisses während einer normalen Lernperiode funktioniert, sollen Sie ein kleines Experiment machen. Halten Sie sich dabei genau an die Instruktionen: Lesen Sie die anschließend aufgeführte Liste von 33 Wörtern achtsam Wort für Wort, nur einmal, ohne Anwendung irgendwelcher Memoriersysteme oder -techniken. Vermeiden Sie auch jedes Rückspringen auf bereits gelesene Wörter. Zweck dieser Leseübung ist es, festzustellen, wie viele der Wörter Sie ohne Anwendung der Prinzipien des Erinnerns im Gedächtnis behalten. Die Reihenfolge ist bei diesem Test belanglos. Versuchen Sie einfach, sich möglichst viele der gelesenen Wörter zu merken. Lesen Sie jetzt, und testen Sie sich anschließend selbst.

war	der	Reihe
weg	von	von
links	jenseits	und
zwei	Leonardo da Vinci	und
sein	welcher	sonst
und	der	der
der	muß	gehen
weit	und	Zimmer
von	von	Finger
und	konnte	klein
daß	der	Wechsel

Gedächtnistest: Erinnern während des Lernens

Nachdem Sie die Liste vollständig gelesen haben, schreiben Sie alle Wörter hin, die Sie behalten haben.

Überprüfen Sie nun, wie Ihr Gedächtnis gearbeitet hat. Im allgemeinen kann man von folgendem Erinnerungsverhalten ausgehen: mehr Erinnerung an die Anfangs- und Endphasen einer Lernperiode; mehr Erinnerung an Dinge, die miteinander assoziiert werden; und mehr Erinnerung an Dinge, die aus dem Rahmen fallen oder einmalig sind.

Daher führt dieser Test im allgemeinen zu folgenden Ergebnissen: Die ersten drei bis fünf Wörter der Liste bleiben im Gedächtnis; die letzten zwei oder drei Wörter; die Wörter *und, von, der,* weil sie wiederholt und assoziiert werden; und der Name *Leonardo da Vinci*, weil er aus dem Rahmen fällt. Zusätzlich wird man sich an persönliche Assoziationen von Wortgruppen erinnern.

Sorgfältig sollte man auch darauf achten, was nicht im Gedächtnis geblieben ist: alles, was nicht am Anfang oder Ende der Lernperiode stand, was nicht mit anderen Abschnitten der Lernperiode assoziiert war und was sich nicht in irgendeiner Weise aus der Masse abhob. In vielen Fällen kann man davon ausgehen, daß der ganze Mittelblock vergessen wird. Wenn Sie nun von ihrem eigenen Erinnerungsverhalten ausgehen und zusätzlich den Zeitfaktor einbeziehen, wie würden Sie dann die folgende Frage beantworten? Sie haben einen schwierigen Text vierzig Minuten lang studiert, haben dabei festgestellt, daß Ihr Verständnis des Textes ziemlich dürftig war, sich aber während der letzten zwanzig Minuten leicht gebessert hat. Wie würden Sie sich nun verhalten? Würden Sie jetzt eine Ruhepause einlegen? Oder würden Sie, weil die Sache jetzt besser läuft, weitermachen, bis der Schwung nachläßt, und dann Ihre Pause machen?

Die meisten Menschen wählen die zweite dieser Alternativen, weil sie annehmen, daß Verstehen und Erinnern parallel verlaufende Prozesse sind. In Wirklichkeit aber - das zeigen die Ergebnisse des obigen Tests ebenso wie persönliche Erfahrung - variieren beide ganz erheblich, und der Faktor, der die Differenz bestimmt, ist Ihre eigene Zeiteinteilung.

Was Sie verstehen, behalten Sie durchaus nicht automatisch im Gedächtnis. Je weiter die Lernperiode fortschreitet, um so weniger bleibt Ihnen von dem, was Sie mit Verständnis aufnehmen, in Erinnerung, wenn Sie keine Lösung für das Problem finden, daß während der Mitte der Lernperiode das Erinnerungsvermögen stark nachläßt.

Dieser Grundrhythmus des Gedächtnisses ist unabhängig vom Lernstoff, gilt also auch für das Erlernen von Memoriertechniken. Sie müssen eine Lernsituation schaffen, in der Erinnerung und Verständnis in größtmöglicher Harmonie arbeiten können. Das erreichen Sie, wenn Sie die Zeit des Lernens so organisieren, daß das Verständnis auf hohem Niveau bleiben kann, ohne daß ein zu starker Leistungsabfall des Gedächtnisses eintritt. Dazu brauchen Sie nur Ihre Lernperiode in die vorteilhaftesten Zeiteinheiten zu unterteilen. Diese Einheiten liegen im Durchschnitt zwischen zehn und sechzig Minuten. In der Graphik auf Seite 176 ist sie mit dreißig Minuten angesetzt. Wenn Ihre Zeit in dieser Weise organisiert ist, werden verschiedene Vorteile sofort deutlich:

1. Jeder der unvermeidlichen Leistungsabfälle während des Lernens wird weniger stark sein, als wenn Sie ohne Pause weitergemacht hätten.
2. Statt zwei Höchstpunkten der Erinnerung zu Anfang und Ende der Lernperiode werden Sie durch die Pausen bis zu acht solcher Höchstpunkte haben.
3. Wenn Sie öfter eine Lernpause einlegen, gehen Sie ausgeruhter in die nächste Lernperiode. Das hat den zusätzlichen Vorteil, daß Verständnis *und* Gedächtnis besser funktionieren.
4. Da Sie infolge der Pausen ausgeruhter sind und auch mehr von jedem Lernabschnitt im Gedächtnis behalten, werden Sie den Lehrstoff des nächsten Abschnitts leichter begreifen, denn Sie haben eine bessere Grundlage, um die neue Information zu bewahren und zu assoziieren. Wer diese regelmäßigen Pausen nicht einlegt, wird nicht nur stärker ermüden, er wird auch weniger von dem Erlernten behalten. Und das wird dazu führen, daß er immer weniger Verbindungen zwischen der stetig abnehmenden Informationsmenge, die er aufnimmt, und dem zunehmend unverständlicher werdenden Informationsberg, der drohend vor ihm liegt, herstellen kann.
5. Entgegen jeder Erwartung steigt unsere Erinnerung an das Erlernte während der Pausen zunächst weiter an, bevor sie zu fallen beginnt. Das hängt damit zusammen, daß unsere beiden Gehirnhälften, die linke wie die rechte, während einer kurzen Zeitspanne nach der Informationsaufnahme unbewußt »den Stoff sortieren«. Wenn

Sie also nach der Pause wieder zu lernen anfangen, sind Sie im Besitz von mehr bewußtem Wissen, als wenn Sie ohne Pause weitergemacht hätten. Diese Information ist besonders wichtig, weil sie eventuelle Schuldgefühle wegen der häufigen Unterbrechungen des Lernens zerstreut.

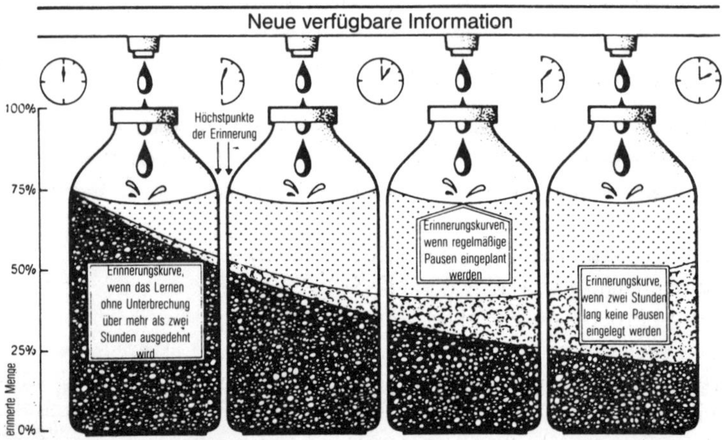

Die Graphik zeigt, welche Zeiteinteilung für das Erinnern am günstigsten ist

Ihre Pausen sollten gewöhnlich nicht länger als zwei bis zehn Minuten dauern. Sie sollten sie zur geistigen Entspannung nutzen - durch einen kurzen Spaziergang, einen leichten alkoholfreien Drink, ein paar Körperübungen, Autosuggestion, Meditation oder Hören leiser, ruhiger Musik.

Sie können Ihr Gedächtnis zusätzlich festigen und verbessern, wenn Sie am Anfang und am Ende jeder Lernperiode sehr kurz eine Rückschau auf das bisher Erlernte und eine Vorschau auf den in der nächsten Lernperiode zu bewältigenden Stoff einschieben. Dieser ständige Rhythmus von Rück- und Vorschau hilft Ihnen, die erhaltenen Informationen zu konsolidieren, er stärkt Ihr Selbstvertrauen durch die Erfahrung des erfolgreichen Fortschreitens, er gibt Ihrem Geist Gelegenheit, sich zielstrebig auf das nächste Lernziel einzustellen, und er erlaubt Ihnen zu jeder Zeit einen Blick aus der Vogelperspektive auf das zu bewältigende Studiengebiet.

Wenn Sie Ihre Kenntnis der zeitlichen Schwankungen des Erinnerungsvermögens während einer Lernperiode mit den elementaren Prinzipien des Erinnerns kombinieren und Ihre kreative Phantasie nutzen, wird es Ihnen mühelos gelingen, durch die Bildung imaginativer Verknüpfungen und Assoziationen den Leistungsabfall in der Mitte der Lernperiode fast völlig auszugleichen.

Erinnern nach der Lernperiode

Wenn Sie sich mit diesem Programm zur Stärkung der Erinnerung während einer Lernperiode vertraut gemacht haben, sollten Sie Ihre Aufmerksamkeit dem Erinnerungsverhalten *nach* der Lernperiode zuwenden. Es ist durch zwei interessante Phänomene gekennzeichnet: Erstens - der Höchstpunkt der Erinnerung wird erst einige Minuten nach Ablauf der Lernperiode erreicht. Zweitens - Sie vergessen 80 Prozent der Details einer Information innerhalb von 24 Stunden nach der Aufnahme. (Dieses dramatische Abfallen der Erinnerung hat den Zweck, das Gedächtnis für die Aufnahme neuer Informationen frei zu machen.) Das anfängliche Ansteigen ist ein Vorteil, den Sie nutzen sollten; das Abfallen kann verhängnisvolle Folgen haben; Sie müssen es also, jedenfalls beim Studieren, zu verhindern suchen. Die Methode für beides, die Nutzung des Ansteigens und die Vermeidung des Abfallens, ist Revision durch Wiederholung.

Wenn Sie eine Stunde lang studiert haben, wird der Höchstpunkt Ihrer Erinnerung ungefähr zehn Minuten nach Abschluß der Lernperiode erreicht sein. Dieser Punkt ist die ideale Zeit für Ihre erste Wiederholung. Die Funktion der Wiederholung ist, die aufgenommenen Informationen dem Gedächtnis »einzuprägen« und sie damit zu »konsolidieren«. Wenn Sie an diesem ersten Höchstpunkt eine Wiederholung einschalten, ändert sich die Erinnerungskurve nach dem Lernabschnitt, die detaillierte Information verschwindet nicht aus dem Gedächtnis, sondern bleibt vollständig erhalten, wie die nächste Graphik zeigt. Wenn Sie also eine Stunde studiert haben, sollte Ihre erste Wiederholung nach 10 Minuten erfolgen und ihre zweite nach Ablauf von 24 Stunden. Danach sollten Sie nur dann wiederholen, wenn Sie das Gefühl haben, der Informationsstand verschlechtere sich. Im Durchschnitt folgen diese Wiederholungen kalendarischen Abschnitten, nämlich Tagen, Wochen, Monaten, Jahren. Sie würden also nach einem Tag, dann nach einer Woche, dann nach einem Monat, dann nach einem halben Jahr und so fort notwendig werden.

Die Wiederholungen brauchen nicht zeitaufwendig zu sein. Die erste sollte aus einer vollständigen Revision Ihrer Mind-Map-Aufzeichnungen bestehen. Bei allen weiteren Wiederholungen sollten Sie nur kurz solche Dinge notieren, die Ihnen einfallen und die Sie interessant finden, und diese Notizen dann mit den Grundaufzeichnungen vergleichen. Das hilft Ihnen, Lücken auszufüllen, und Sie können in der Zwischenzeit erworbene Informationen den Aufzeichnungen hinzufügen. Auf diese Weise können Sie sicherstellen, daß Ihr Gedächtnis alle Informationen, die Sie ständig verfügbar haben müssen, bewahrt.

Es ist interessant, die geistige Verfassung von Menschen, die regelmäßig wiederholen, und von solchen, die das nicht tun, miteinander zu vergleichen. Die letzteren stopfen ständig Informationen in sich hinein und vergessen sie gleich wieder. Sie werden es zunehmend schwieriger finden, neue Informationen aufzunehmen, weil sie das Grundwissen nicht zur Verfügung haben, das sie zum Verständnis dieser neuen Informationen benötigen. In einem solchen Fall wird das Studieren immer schwierig sein, die Erinnerung wird unzureichend bleiben, und der ganze Prozeß aus Lernen, Verstehen und Erinnern wird mühsam und unergiebig sein.

Ganz anders verhält es sich mit Menschen, die regelmäßig wiederholen. Sie werden feststellen, daß ihr ständig wachsender Vorrat an verfügbarem Wissen neue Informationen mühelos aufnimmt und verarbeitet. Damit wird ein positiver Prozeß wechselseitiger Ergänzung und Förderung von Lernen, Verstehen und Erinnern in Gang gesetzt. Zu ihrer Überraschung stellen sie fest, daß es ihnen, je mehr sie lernen, um so leichter fällt, noch mehr zu lernen. Wie es in der Bibel heißt: »... denn wer etwas hat, dem wird mehr gegeben werden; wer aber nichts hat, dem wird auch das genommen werden, was er zu haben meint« (Lukas 8,18).

Diese Information über das Erinnern nach dem Lernen läßt sich auch auf die verbreitete Meinung vom Nachlassen der geistigen Fähigkeiten, insbesondere des Gedächtnisses, mit zunehmendem Al-

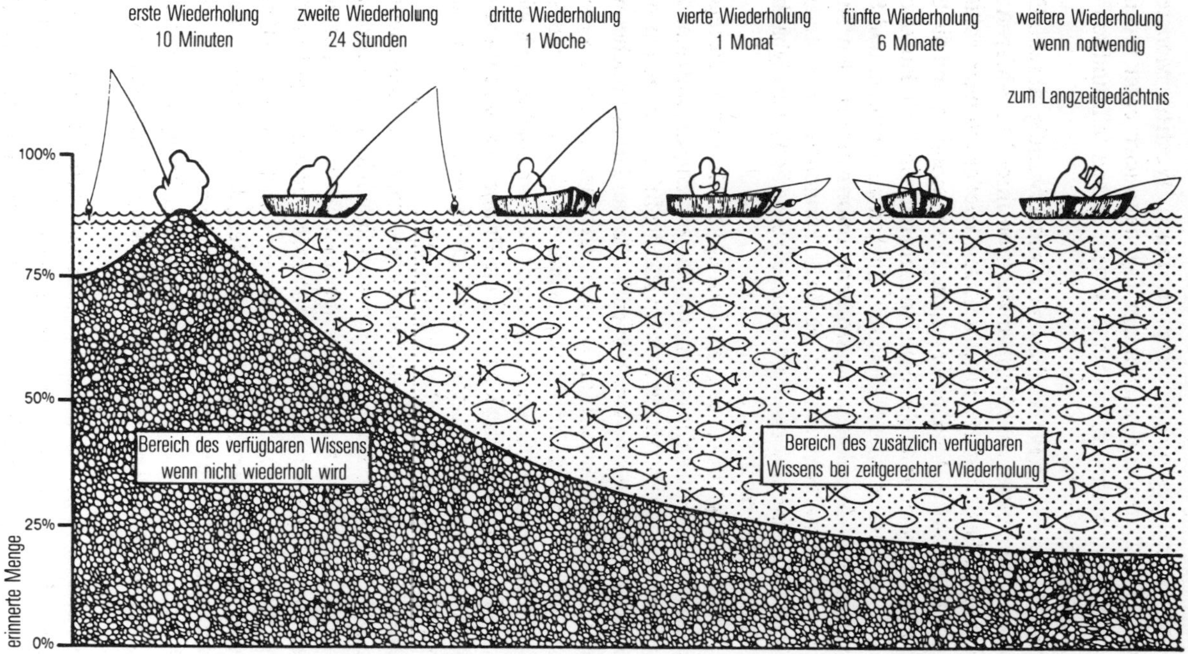

Die Graphik zeigt die Vorteile zeitgerechter Wiederholungen

ter anwenden. Fast alle Statistiken zeigen an, daß nach dem 24. Lebensjahr das Gedächtnis der Menschen mit fortschreitendem Alter zunehmend schlechter wird. Diese Feststellungen, so fundiert sie zu sein scheinen, enthalten einen großen Fehler. Sie gründen sich auf Untersuchungen und Befragungen von Menschen, die im allgemeinen keine Information über die Funktionsweise ihres Gedächtnisses besaßen und folglich dazu tendierten, es zu vernachlässigen. Anders gesagt: Die Tests, die das Nachlassen des Gedächtnisses mit zunehmendem Alter nachwiesen, wurden an solchen Personen vorgenommen, die durchweg die Prinzipien des Erinnerns nicht anwendeten und erlerntes Wissen nicht durch Wiederholen sicherten. Sie fallen offensichtlich in die zweite Kategorie der biblischen Feststellung.

Neuere Experimente mit Personen, die sowohl mit den Prinzipien des Erinnerns vertraut waren als auch die Schwankungen im Erinnerungsverhalten während und nach dem Lernen durch geeignete Techniken auszugleichen verstanden, haben gezeigt, daß in Wirklichkeit das Gegenteil der statistischen Feststellungen zutrifft. Wenn Sie im fortschreitenden Alter weiterhin die numerischen, linguistischen, analytischen, logischen und ordnenden Fähigkeiten Ihrer linken Gehirnseite nutzen, wenn Sie ebenso die rhythmischen, musikalischen, imaginativen Fähigkeiten, das Farb- und Dimensionsempfinden Ihrer rechten Gehirnseite trainieren, und wenn Sie sowohl die Prinzipien wie den zeitlichen Rhythmus des Erinnerns berücksichtigen, dann wird Ihr Gedächtnis im Alter nicht nur nicht nachlassen, sondern sich erheblich verbessern. Je mehr es beansprucht wird, um so besser wird es in der Lage sein, imaginative und assoziative Verbindungen mit neuen Wissensbereichen zu knüpfen, und um so besser werden Erinnerungsvermögen und Kreativität sein.

Je mehr Sie also Ihrem Gedächtnis geben, um so mehr wird das Gedächtnis Ihnen zurückgeben - mit Zins und Zinseszins.

26

Wie man Träume einfängt

Die Fähigkeit, sich an Träume zu erinnern, ist bei jedem Menschen unterschiedlich stark ausgebildet. Manche Menschen haben ein so schlechtes Gedächtnis für Träume, daß sie überzeugt sind, niemals zu träumen. Aber sie irren sich; die Wissenschaft hat während der letzten zwanzig Jahre nachgewiesen, daß jeder Mensch nachts während des Schlafens in bestimmten Intervallen Träume erlebt. Man erkennt das am Flattern und Zucken der Augenlider, gelegentlich zuckt auch der ganze Körper, wenn er innerlich mit der imaginären Geschichte »mitgeht«. Wenn Sie zu Hause eine Katze oder einen Hund haben, werden Sie diese Art von Aktivität während des Schlafens sicher beobachtet haben, denn die meisten höheren Säugetiere träumen ebenfalls.

Der erste Schritt zur Traumerinnerung ist das Einfangen der Träume. Man kann das erreichen, wenn man unmittelbar vor dem Einschlafen seinen Geist »programmiert«. Wenn Ihre Gedanken zu wandern beginnen, wiederholen Sie einige Male leise und fest den Satz: »Ich will mich an meinen Traum erinnern.« Damit »programmieren« Sie Ihr Gehirn so, daß es bei Ihrem Erwachen der Erinnerung an den Traum Priorität einräumt. Es kann bis zu drei Wochen dauern, ehe Sie Ihren ersten Traum einfangen, aber der Prozeß ist unfehlbar.

Sobald Sie einen Traum eingefangen haben, beginnt die zweite Etappe der Traumerinnerung. Das ist ein heikler und »gefährlicher« Augenblick, denn wenn Sie das gelungene Einfangen des Traums zu sehr erregt, werden Sie ihn gleich wieder verlieren. Bei diesem Memoriertyp muß Ihr Gehirn eine Zeitlang in einem völlig unerregten Zustand bleiben. Sie müssen lernen, eine beinahe meditative

Ruhe zu bewahren, während Sie sich die Hauptelemente des Traums vorsichtig ins Bewußtsein rufen. Sie wählen dann zwei oder drei der Schlüsselbilder aus diesem Traum aus und assoziieren sie unter Beachtung der Basisprinzipien des Erinnerns (die in sich selbst traumähnlich sind) mit den Schlüsselbildern eines der Anhänge-Systeme.

Mit dieser Methode können Sie Ihre in den Stadien des Schlafens, des Erwachens und der Wachheit unterschiedlich arbeitenden Gehirnfunktionen miteinander koordinieren. Sie werden dadurch in die Lage versetzt, sich an diesen wichtigen und sehr nützlichen Teil Ihres unterbewußten Lebens zu erinnern, der für die meisten Menschen ein Buch mit sieben Siegeln ist.

Zahlreiche wissenschaftliche Untersuchungen haben gezeigt, daß Menschen, die angefangen haben, sich an Träume zu erinnern, über einen Zeitraum von mehreren Monaten hinweg ruhiger, motivierter, humorvoller, phantasiereicher und kreativer werden und ein erheblich besseres Erinnerungsvermögen besitzen. Das ist nicht überraschend, denn unsere unbewußte Traumwelt ist ein ständiger Tummelplatz für alle Elemente der rechten Gehirnseite, zu denen auch die von ihr gesteuerten Basisprinzipien des Erinnerns gehören: Der Kontakt zwischen der unbewußten und der bewußten Ebene des Geistes führt automatisch zu einer Steigerung aller mit beiden Ebenen verknüpften geistigen Kräfte.

Wenn Sie sich für diesen Bereich der Erforschung und Entwicklung Ihrer geistigen Potenz interessieren, sollten Sie ein Traum-Tagebuch in Form einer Mind Map mit Schlüsselwörtern und Schlüsselbildern führen (siehe Kapitel 23). Dieses Tagebuch wird Ihnen Gelegenheit zur ständigen Übung aller erwähnten Fähigkeiten geben, und es wird ein nützliches Werkzeug zu umfassender Selbstentwicklung sein. Nach einer kurzen Zeit der Praxis werden sich wahrscheinlich Ihre literarischen und künstlerischen Neigungen und Talente Gebieten zuwenden, die Ihnen bisher verschlossen zu sein schienen. Edgar Allan Poe zum Beispiel erinnerte sich genau an seine Träume. Er benutzte den grausigsten von ihnen als Grundlage für seine Horror-Kurzgeschichten. Salvador Dali, der berühmte surrealistische Maler, hat öffentlich erklärt, daß viele seiner Gemälde Reproduktionen perfekt erinnerter Traumbilder seien.

Es wird Ihnen inzwischen klargeworden sein, daß die Entwicklung der Gedächtnisfähigkeiten Ihnen nicht nur den Vorteil bietet, sich besser und an mehr erinnern zu können als zuvor, sondern daß sie auch die Gesamtentwicklung sowohl der linken wie der rechten Hemisphäre Ihres Gehirns fördert. Das führt wiederum zu einer allgemeinen Erweiterung Ihres Erinnerungsvermögens, einer Entfaltung Ihrer Kreativität und in deren Folge Ihres Verständnisses und Ihres Interesses für künstlerische und wissenschaftliche Dinge. Und auch Ihre Fähigkeit zur Selbsterkenntnis und Selbstverwirklichung wird gestärkt. Sie empfangen nicht nur aus dem Schatz menschlicher Kreativität und menschlichen Wissens, Sie tragen auch zu seiner Mehrung bei.

Bibliographie

Atkinson, Richard C., and Shiffrin, Richard M. »The Control of Short-term Memory.« *Scientific American,* August 1971.

Baddeley, Alan D. *The Psychology of Memory.* New York: Harper & Row, 1976.

Borges, Jorge Luis. *Fictions* (especially *Funes, the Memorious*). London: Weidenfeld & Nicolson, 1962.

Brown, Mark. *Memory Matters.* Newton Abbot: David & Charles, 1977.

Brown, R., and McNeil, D. »The ›Tip-of-the-Tongue‹ Phenomenon.« *Journal of Verbal Learning and Verbal Behavior* 5, pp. 325–37.

Buzan, Tony. *The Brain User's Guide.* New York: E.P. Dutton, 1983.

Buzan, Tony. *Make the Most of Your Mind.* Cambridge: Colt Books, 1977. London: Pan, 1981.

Buzan, Tony. *Use Your Head.* London: BBC, 1974.

Buzan, Tony, and Dixon, Terry. *The Evolving Brain.* Newton Abbot: David & Charles, 1974 (o.p.).

Buzan, Tony. *Speed Reading.* Newton Abbot: David & Charles, 1977.

Buzan, Tony. *Speed Memory.* Newton Abbot: David & Charles, 1977.

Ebbinghaus, H. *Über das Gedächtnis.* Leipzig: Duncker, 1885.

Haber, Ralph N. »How We Remember What We See.« *Scientific American,* p. 105, May 1970.

Howe, J.A., and Godfrey, J. *Student Note-Taking As An Aid to Learning.* Exeter: Exeter University Teaching Services, 1977.

Howe, M.J.A. »Using Students' Notes to Examine the Role of the Individual Learner in Acquiring Meaningful Subject Matter.« *Journal of Educational Research* 64, pp. 61–3.

Hunt, E., and Love, T. »How Good Can Memory Be?« *Coding Processes in Human Memory,* pp. 237–60, edited by A.W. Melton and E. Martin. Washington, DC: Winston/Wiley, 1972.

Hunter, I.M.L. »An exceptional memory.« *British Journal of Psychology* 68, pp. 155–64, 1977.

Keyes, Daniel. *The Minds of Billy Milligan.* New York: Random House, 1981.

Loftus, E.F. *Eyewitness Testimony.* Cambridge, Mass.: Harvard University Press, 1979.

Luria, A.R. *The Mind of a Mnemonist.* London: Jonathan Cape, 1969.

Penfield, W., and Perot, P. »The Brain's Record of Auditory and Visual Experience: A Final Summary and Discussion.« *Brain* 86, pp. 595–702.

Penfield, W., and Roberts, L. *Speech and Brain-Mechanisms.* Princeton, NJ: Princeton University Press, 1959.

Penry, J. *Looking at Faces and Remembering Them: A Guide to Facial Identification.* London: Elek Books, 1971.
Ruger, H.A., and Bussenius, C.E. *Memory.* New York: Teachers College Press, 1913.
Russell, Peter. *The Brain Book.* London: Routledge & Kegan Paul, 1979.
Standing, Lionel. »Learning 10,000 Pictures.« *Quarterly Journal of Experimental Psychology* 25, pp. 207–22.
Stratton, George M. »The Mnemonic Feat of the ›Shass Pollak‹.« *Physiological Review* 24, pp. 244–7.
Suzuki, S. *Nurtured by love: a new approach to education.* New York: Exposition Press, 1969.
Thomas, E.J. »The Variation of Memory with Time for Information Appearing During a Lecture.« *Studies in Adult Education,* pp. 57–62, April 1972.
Tulving, E. »The Effects of Presentation and Recall of Materials in Free-Recall Learning.« *Journal of Verbal Learning and Verbal Behaviour* 6, pp. 175–84.
von Restorff, H. »Über die Wirkung von Bereichsbildungen im Spurenfeld.« *Psychologische Forschung* 18, pp. 299–342.
Wagner, D. »Memories of Morocco: the influence of age, schooling and environment on memory.« *Cognitive Psychology* 10, pp. 1–28, 1978.
Yates, F.A. *The Art of Memory.* London: Routledge & Kegan Paul, 1966.

Hinweis auf deutsche Literatur

Benesch, H. *Der Ursprung des Geistes,* München 1980
Bierach, A. *Wege zu einem Supergedächtnis,* München 1987
de Bono, E. *Der Denkprozeß,* Hamburg 1975
de Bono, E. *Das spielerische Denken,* Hamburg 1972
Buzan, T. *Kopf-Training,* München 1984
v. Ditfurth, H. *Der Geist fiel nicht vom Himmel,* Hamburg 1976
Eysenck, H.J. *Ihre Intelligenz auf dem Prüfstand,* München 1981
Ferguson, U. *Geist und Evolution,* München 1986
Ornstein, R.E. *Die Psychologie des Bewußtseins,* Köln 1974
Ott, E. *Optimales Denken,* Hamburg 1973
Vester, F. *Denken, Lernen, Vergessen,* München 1978
Wilkes, M.W. *Denkfehler, Denkfallen, Denkblockaden,* München 1983

Register